Margit E. K. Kresin

Gott liebt dich!

Liebesbriefe von unserem himmlischen Vater,
Wegweisungen zum ewigen Leben -
(Glaubensgrundlagen)

und einige ermutigende Gedichte:

Unter der Sonne, unter dem Meer
Ich bin bei dir
Egal wo du bist
Mach dich bereit
Ich bleib dran
Locker vom Hocker

Psalm 37, 5.7 (Elb)

Befiehl dem HERRN deinen Weg und vertraue auf Ihn, so wird
Er handeln. Sei still dem HERRN und harre auf Ihn!
Entrüste dich nicht über den, dessen Weg gelingt, über den
Mann, der böse Pläne ausführt!

Margit E. K. Kresin

Gott liebt dich!

Liebesbriefe von unserem himmlischen Vater,
Wegweisungen zum ewigen Leben
(Glaubensgrundlagen)

und einige ermutigende Gedichte:

Unter der Sonne, unter dem Meer
Ich bin bei dir
Egal wo du bist
Mach dich bereit
Ich bleib dran
Locker vom Hocker

Impressum

Bibliografische Information der Deutschen Nationalbibliothek:
Die Deutsche Nationalbibliothek verzeichnet diese Publikation in der
Deutschen Nationalbibliografie; detaillierte bibliografische Daten sind
im Internet über http://dnb.dnb.de abrufbar.

TWENTYSIX – Der Self-Publishing-Verlag
Eine Kooperation zwischen der Verlagsgruppe Random House und
BoD – Books on Demand

© *2020 Margit E. K. Kresin*

Herstellung und Verlag:
BoD – Books on Demand, Norderstedt

ISBN: 978-3-740-77144-7

Illustration: Margit Kresin
Alle Bibelzitate stammen aus der Schlachter 2000 Bibel, es sei denn sie sind ander-
wärtig gekennzeichnet.
Neubearbeitung des Buches „In Liebe, dein Vater - Von Gott geführt, in Liebe ange-
nommen" –Editha Schultz (ISBN 9 783740 72523 5

Inhalt

Und über Allem siegt die Liebe

Und über Allem siegt die Liebe,
Die Fülle Meiner Herrlichkeit!
Sie schenkt dem Leben neue Triebe,
Und führt in eine neue Zeit.

Und täglich wird sie Dich verwandeln,
Du bist von Mir geliebt Mein Kind!
Ich geb' Dir Kraft und Mut zum Handeln,
Wie schwer auch Deine Nöte sind.

Ich will Dir täglich neu begegnen!
Ich will Dich führen allezeit!
Ich lasse Meine Ströme regnen,
Empfange und sei stets bereit!

Sei kühn, und lass Dich nicht erschrecken!
Geh nur und tue, was ich Dir sag!
Und vieles wirst Du neu entdecken,
Ich bin bei Dir an jedem Tag!

(Sigrid Martens)

Ich widme dieses Buch all denen, die danach hungern,
Gott JHWH, unseren himmlischen Vater,
Jesus Christus, Gottes Sohn und unser Retter,
sowie Ruah haKodesch, den Heiligen Geist
inniger kennen und lieben zu lernen.

Ich hoffe und bete für dich, dass die Seiten dich dazu inspirieren,
mit Gott Gemeinschaft zu haben und dass du erkennst, dass du in
Ihm zu wunderbaren Werken geschaffen bist.

Gott liebt dich und sehnt sich nach dir!

<u>Vorwort</u>

Im Herzen bin ich Afrikanerin und dies werde ich sicherlich immer bleiben. Geboren bin ich in Südwestafrika, dem heutigen Namibia. Ich wuchs im Busch auf. Mein Vater war Tiefbauingenieur und wir zogen im Wohnwagen von Baustelle zu Baustelle. Es war eine Zeit, die mich tief geprägt hat. Die Sonne hat mir tief ins Herz gebrannt und ich durfte Gottes Schöpfung aus nächster Nähe erfahren. Das Zirpen der Grillen und das Zwitschern der Vögel waren mir schon früh ein besonderer Lobgesang. Die wilden Tiere auf den Steppen, aber auch unsere Haustiere lassen mich auch heute über Gottes Schöpfung staunen.

Wie kam ich zum Glauben? Ich glaube, dass Gott immer ein Teil meines Lebens war. Gottes Liebe keimte in mir lange bevor ich mehr über Ihn wusste. Bewusst erinnere ich mich nur schwach an meine ersten Begegnungen mit Gott. Vielleicht waren es die gemeinsame Abendgebete oder Abendlieder mit meiner Mutter, die mir Gottes Nähe offenbarten. Es kann aber auch das tägliche Bibelstudium meiner Großmutter gewesen sein, dass mich tief beeindruckte. Schon als Kind hatte ich intensive Träume, die mir tief in mein Gedächtnis brannten. Viele von ihnen konnte ich erst im Erwachsenenalter deuten.

Mit vierzehn wurde ich konfirmiert. Für mich war die Konfirmation wirklich das, wozu die Konfirmation ursprünglich gedacht war: Es war die persönliche Bestätigung der Babytaufe und damit das bewusste Ja zum christlichen Glauben und zur Kirchenzugehörigkeit. Bald spürte ich, dass es mehr geben musste und nach einer bewegenden Begegnung, während eines Schulmissionsgottesdienstes, übergab ich Jesus mit siebzehn mein Leben. Ich legte einen Glaubenskurs beim ERF ab und dann begann ich auch bald mit meinem Lehramtsstudium.

Wir alle leben in einer gefallenen Welt. Mein Glaubensweg war nicht einfach. Immer wieder kam ich vom Weg ab. Richtigen schien ich nicht zu finden. Bei jeder Fehlentscheidung, war Gott mit seiner Liebe und mit seinem Sohn Jesus für mich da. Der Heilige Geist tröstete mich und ich durfte, nachdem ich Buße getan hatte, zu meiner ersten wahren Liebe, d.h. zurück zu Gott Vater und in Seine Arme rennen. Es war ein ewiger Kampf. Ich wollte das Richtige tun, doch schaffte es nicht. Ich war, was man einen fleischlichen Christen (sie-he Kapitel 6) bezeichnet.

Gott JHWH und Sein Sohn Jesus Christus standen mir immer treu zur Seite. Auch als mein erster Mann 2002 tragisch starb, war Gott da. Er erinnerte mich, dass er **Ein Vater der Waisen, ein Anwalt der Witwen ist …, der in seinem Heiligtum wohnt; … dass Er ein Gott ist, der Vereinsamten ein Heim gibt … (Psalm 68, 6-7).**

2005 führte Gott mich und meine beiden Kinder nach Minden (Westfalen), wo ich Ihm an einer christlichen Schule dienen durfte. Später durfte ich mit Seiner Hilfe meinen jetzigen Mann kennenlernen.

Auf der Suche nach der Vaterliebe Gottes fand ich 2012 auf einem christlichen Seminar Befreiung und Heilung. Dann arbeitete ich an dem erlebten Traumata und endlich durfte ich innere Heilung erleben. Auch meine Kinder gingen durch viele Stadien der Depression, aber auch sie vertrauen Gott und ich weiß, dass Er sie von ganzem Herzen lieben und auch weiterhin ihr liebender Vater und Versorger ist.

Gott ist Teil meines Lebens. Ich möchte mit Ihm Lachen, mit Ihm Erfahrungen sammeln, mit Ihm weinen und vor allem Hindernisse überwinden. Er ist mein Vater, mein bester Freund und mein Vertrauter. Ich danke Ihm, meinem gelieb-ten himmlischen und ewigen Vater, für Seinen wunderbaren Sohn - Jesus Christus, meinen Retter und Erlöser, meinen Heiland und meinen Bräutigam. Ich danke Ihm für Seinen Heiligen Geist, der mein Leben lenkt, leitet und ins-besondere heiligt. Der Heilige Geist spricht mir ins Gewissen und vermittelt zwischen Gott und mir. Er tröstet mich und begleitet mich.

Gott führte mich auf verschiedenen Wegen und ich musste erleben, wie sich mein Leben drastisch veränderte.

Im Alter von 55 Jahren ließ ich mich noch einmal taufen. Durch das Untertauchen ins Wasser zeigte ich auch der geistlichen und übernatürlichen Welt, dass ich durch Jesus ein Kind Gottes bin und dass mich nichts und niemand von Seiner Liebe trennen würde und könnte. Nach der Taufe fühlte ich mich neu gekräftigt und gestärkt, und ich erhielt endlich Klarheit über meinen Auftrag und meine Berufung.

Eines Morgens sprach Gott zu mir: **„Mein Kind, schreibe auf, was ich dir diktiere."** Ab dann nahm sich ABBA (Gott Vater) jeden Morgen Zeit, mir diese und andere Liebesbriefe und Botschaften zu diktieren und zu erklären. Sein Heiliger Geist zeigte mir, wo ich weitere Informationen zu den verschiedenen Themen finden konnte. So entstand dieses Buch. Ich weiß inzwischen auch, dass noch weitere Bücher in Deutsch und auch Englisch geschrieben werden sollen. In der Zwischenzeit ist zusätzlich die Website www.Glaubensbotschaft.de ins Leben gerufen. Hier darf ich regelmäßig Botschaften von Gott JHWH und von Jesus (Jeschua / Jahuschua) veröffentlichen. Ab und an kommt auch eine Andacht oder eine Bibelauslegung hinzu. Auf der Website lädt Jesus (Jeschua) seine Nachfolger ein in seine rettende Arche zu steigen. Er ist der Retter! Jesus sagt:

Ich bin der Weg und die Wahrheit und das Leben; niemand kommt zum Vater als nur durch mich! (Joh 14, 6)

Unser Vater im Himmel möchte alle Nachfolger Jesu, unserem Retter und Bruder, anspornen, sich durch Gottes Heiligen Geist, verändern und führen zu lassen. Gott JHWH weiß, dass viele Veränderungen des ursprünglichen Glaubens durch verschiedene Führer und Kirchenoberhäupter vorgenommen wurden. Sein Ziel ist es, die Wahrheit ans Licht zu bringen und uns, mit Jesu Hilfe, aus der Finsternis ins Licht zu führen.

Ein weiteres Ziel dieses Buches ist es, das kommende Wachstum der Gläubigen zu unterstützen. Gott möchte noch vielen Menschen die Heilsbotschaft Jesu zukommen lassen. Viel Evangelisten sprechen im Augenblick von der doppelten Ernte. Sie träumen davon, dass noch viele Menschen gerettet werden können.

Möge dieses Buch Ihnen und Dir helfen, die Botschaft vom Reich Gottes zu verstehen und zu begreifen. Gottes Botschaften sind Liebesbriefe an Seine Kinder. Die Erklärungen dazu bilden eine Grundlage im Wachstum des Glaubens. Es gibt bestimmt viele ähnliche Bücher, doch bete ich, dass Sie und Du gerade die persönlichen Botschaften von unserem himmlischen Vater ansprechen.

Dieses Buch ist in 2016 unter meinem Pseudonym „Editha Schultz" mit dem Titel „In Liebe, dein Vater - Von Gott geführt, in Liebe angenommen" erschienen, doch hier erscheint nun meine neu überarbeitete und erweiterte Veröffentlichung.

Da ich uns als Geschwister im Glauben sehe, habe ich die Du-Form der Begegnung gewählt.

Als kleines „Bonbon" habe ich im Anschluss fünf meiner Gedichte veröffentlicht. Es sind Botschaften vom Vater und von Jeschua, unserem Bräutigam und Retter.

Ich segne Dich im Namen unseres Herrn und Bruders, Jesus Christus. Möge Dich der Heilige Geist in die Wahrheit führen. Möge Dich unser himmlischer und ewiger Vater beschützen und bewahren.

In Liebe und tiefer Verbundenheit

Margit E. K. Kresin

Zur leichteren Unterscheidung verschiedene Schriften benutzt:

- ***Gott Vater ABBA JHWH***

- Der normale erklärende Text

- **Bibelzitate**

1. Den Kindern gehört das Reich Gottes

Mein Kind!

Ich, dein Gott, bin Liebe. Ich bin dein liebender Vater. Ich sehne Mich nach dir. Folge Meinem Ruf und lass dich verändern durch Meine ewige und unendliche Liebe.

Komm zu mir in Meine Arme.

Dein dich liebender, himmlischer Vater

1.1 Kindlicher Glaube ist ein Geschenk

Kinder lieben ihre Eltern, außer die Beziehung ist verletzt oder gestört worden, von ganzem Herzen. Es ist ein tiefes Vertrauen und ein Glauben daran, dass sie geliebt und versorgt werden. Sie freuen sich mit ihren Eltern – sie tanzen, singen und spielen. Sie lernen sich, an Regeln des Hauses zu gewöhnen. Sie wissen, was ihre Eltern lieben und schätzen. Am liebsten würden sie auf den Schoß klettern und mit Mama oder Papa kuscheln, aber sie freuen sich, auch zusammen mit ihnen Neues zu entdecken und zu lernen. Sie lernen das Krabbeln, das Laufen und das Hinfallen und Wiederaufstehen. Sie lernen Gefahren kennen, sie lernen Vertrauen. Jesus sagte: Den Kindern gehört das Reich Gottes.

Kinder glauben vorbehaltlos.

Lasst die Kinder und wehrt ihnen nicht, zu mir (Jesus) zu kommen; denn solcher ist das Reich der Himmel! (Matt 19, 14)

Kindlicher Glaube ist ein Geschenk, denn Kinder denken mehr mit ihren Herzen als mit ihrem Verstand oder der Logik. Vielleicht hat Jesus darum zu den Erwachsenen gesagt:

Wahrlich, ich sage euch: Wenn ihr nicht umkehrt, und werdet wie die Kinder, so werdet ihr nicht in das Reich der Himmel kommen! (Matt 18, 3)

1.2 Erwachsener Glaube

Wenn wir erwachsen werden, ändert sich unser Glaube. Es kommt entweder zu einer Annahme oder einer Abgrenzung von Glaubens- und Gottesvorstellungen. Viele junge Erwachsene sehen die Gebote weiterhin als wertvoll an, doch verlassen sie sich oft auf ihre eigenen Wertvorstellungen. Andere entdecken die Wahrheit und folgen Jesus Fußspuren. Sie übergeben ihr Leben Jesus und lassen sich verändern. Der Apostel Paulus schrieb in dem Brief an die Korinther folgendes:

Als ich ein Kind war, redete ich wie ein Kind, dachte wie ein Kind, urteilte wie ein Kind; als ich ein Mann wurde, tat ich weg, was kindlich war. *(1. Kor 13, 11; Elb)*

Paulus schreibt weiter:

Nun aber bleiben Glaube, Hoffnung, Liebe, diese drei; die größte aber von diesen ist die Liebe. (1. Kor 13, 13; Elb)

Wir brauchen den einfachen kindlichen Glauben und die Erwachsenenbildung. Kinder brauchen andere Nahrung als Erwachsene. Im Hebräerbrief steht:

Ihr seid nun schon so lange Christen und solltet eigentlich andere lehren. Stattdessen braucht ihr jemanden, der euch noch einmal die Grundlagen von Gottes Wort beibringt. Ihr seid wie Säuglinge, die nur Milch trinken, aber keine feste Nahrung essen können. Ein Mensch aber, der sich von Milch ernährt, ist im Leben noch nicht sehr weit fortgeschritten und versteht nicht viel davon, was es heißt, das Richtige nach Gottes Wort zu tun. Feste Nahrung dagegen ist für die Menschen, die erwachsen und reif sind, die aufgrund ihrer Erfahrung gelernt haben, zwischen Gut und Böse zu unterscheiden. (Hebr 5, 12-14, NL)

In den folgenden Kapiteln, möchte Gott <u>Grundbegriffe des Glaubens</u> erklären und verständlich machen. Es geht IHM in dieser Zeit darum den Menschen schnell, genau, aber auch knapp <u>die Botschaft des Königreiches des Himmels</u> auf Erden zu vermitteln. Es geht darum, die wichtigsten Grundlagen zu vermitteln.

2. Ich liebe dich, Mein Kind

Mein Kind!

Schon lange sehne ich Mich nach dir. Du bist Mein Kind. Ich kannte dich schon, bevor du geboren wurdest. Ich habe dich geschaffen und dich kunstvoll gestaltet im Leib deiner Mutter. Du bist nach Meinem Bild geschaffen. Ich habe den Zeitpunkt deiner Geburt hervorgerufen und deinen Geburtsort bestimmt. Ich habe Mir überlegt wie und wo du leben wirst. Durch Mich lebst und existierst du.[i]

Ich weiß, wann du aufstehst, wann du schlafen gehst und wohin du unterwegs bist. Ich habe alle Haare auf deinem Kopf gezählt. Du bist für mich ein kostbarer Schatz. Meine guten Gedanken über dich sind so zahlreich wie der Sand am Meeresstrand.[ii]

Ich bin dein Vater und werde immer ein Vater für dich sein. Ich liebe dich genauso, wie ich Meinen Sohn Jesus liebe. Meine Liebe wird nie aufhören, denn Ich bin die Liebe in Person und Ich wünsche Mir nichts sehnlicher, als dir Meine Liebe verschwenderisch zu schenken. Ich werde nie aufhören, dir Gutes zu tun. Alle guten Dinge, die du empfängst, kommen von Mir. Ich stille alle deine Bedürfnisse und sorge für dich.[iii]

Mein Kind, Ich wünsche Mir zutiefst, dich fest zu gründen und deinem Leben Halt zu geben, denn Ich habe Pläne für dich, die voller Zukunft und Hoffnung sind. Als Ich die Schöpfung geplant habe, habe Ich dich berufen. Jeder einzelne Tag deines Lebens steht in Meinem Buch geschrieben. Liebes Kind, Ich freue Mich so sehr, dass du Mein Kind bist, und wünsche Mir, dass auch du dich freust. Ich will dir große und unfassbare Dinge zeigen und verkünden.[iv]

Jesus spiegelt Mein Wesen in vollkommener Weise wider. Er kam auf diese Welt, um zu zeigen, dass Ich nicht gegen dich bin, sondern für dich. Er kam, um dir zu sagen, dass Ich dir deine Sünden nicht länger anrechne. Jesus starb, damit du und Ich wieder versöhnt werden können. Sein Tod ist der extremste Ausdruck Meiner Liebe zu dir.[v]

Wenn du das Geschenk, das Jesus dir macht, annimmst, empfängst du Meine Liebe. Wenn du Mich von ganzem Herzen suchen wirst, werde Ich Mich von dir finden lassen. Nichts kann dich jemals von Meiner Liebe trennen. Ich kann viel mehr für dich tun, als du es dir denken kannst. Gerne möchte Ich dir jede Träne von deinen Augen abwischen und alle Schmerzen deines Lebens wegnehmen.[vi]

Ich frage dich nun: Willst du Mein Kind sein?

Ich warte auf dich. Komm nach Hause, damit wir die beste Party feiern können, die der Himmel je gesehen hat.[vii]

In Liebe, dein Vater,

der Allmächtige und Ewige Gott

(Bibelzitate stehen als Endnote im Anhang des Buches)

2.1 Gott hat uns zuerst geliebt

Wir sind Gottes Kinder und als Gottes Kinder sind wir geliebt und beschützt.
Gott selbst ist Liebe. Die Liebe hat den Ursprung in Gott.

**Gott ist Liebe, und wer in der Liebe bleibt, bleibt in Gott und Gott bleibt in
ihm.** *(1. Joh 4, 16b)*

<u>Gott hat uns geschaffen, weil Er Liebe ist.</u> Jedes kleine Detail an uns und an
Seiner Schöpfung hat Er geschaffen. Der Mensch ist nach Seinem Bild oder besser ausgedrückt, nach Seinem Wesen, geschaffen.
Gott hat uns Leben geschenkt und möchte Sein Leben mit uns teilen. Er möchte
immer das Beste für uns. Deshalb schuf Er auch das ganze Universum, damit es
uns zu ihm und zu Seiner unendlichen Liebe, zieht. Gott möchte mit uns in Gemeinschaft leben. Jesus sagte:

**Der Herr, unser Gott, ist Herr allein; und du sollst den Herrn, deinen Gott,
lieben mit deinem ganzen Herzen und mit deiner ganzen Seele und mit deinem ganzen Denken und mit deiner ganzen Kraft! (Mk 12, 29 b-30)**

Wenn wir Gottes vollkommene und unendliche Liebe erkennen, anerkennen und
annehmen, ermöglicht Gott es uns, Ihn von ganzem Herzen zu lieben. Trotz unserer Sünden können wir Gottes Liebe verstehen und uns nach ihr sehnen. Er hat
uns so geschaffen, dass wir diese Sehnsucht nach der ersten Liebe verspüren.

**Seht, welch eine Liebe hat uns der Vater erwiesen, dass wir Kinder Gottes
heißen sollen! (1. Joh 3, 1a)**

Gott schuf uns, um vollkommen von Ihm geliebt, geachtet und wertgeschätzt zu
werden. Da Gott die Quelle der Liebe ist, kann nur Er unsere Sehnsucht nach der
vollkommenen Liebe stillen. Für Gott bedeutet **lieben**, <u>sich selbstlos zu verschenken.</u> Gottes Liebe ist rein und selbstlos.

Wir lieben Ihn, weil Er uns zuerst geliebt hat. (1. Joh 4, 19)

Gott weiß um unsere Sündhaftigkeit und hat nach einem Ausweg gesucht. Er erweist Seine große Barmherzigkeit uns gegenüber darin, dass Er uns vergeben hat und von Sünden befreien möchte. Er schickte Seinen erstgeborenen Sohn Jesus auf die Erde um uns von unserer Schuld frei zu kaufen.

Darin besteht die Liebe - nicht dass wir Gott geliebt haben, sondern dass er uns geliebt hat und Seinen Sohn gesandt hat als Sühnopfer für unsere Sünden. (1. Joh 4, 10)

Die Briefe des Apostels Johannes zeugen im besonderen Maße von Gottes Liebe und wie Liebe aussehen sollte:

Liebe bedeutet miteinander Gemeinschaft haben, d.h. Gemeinschaft mit Gott, dem Vater, und mit Jesus untereinander. Wenn wir Gott durch Jesu erkannt haben, möchten wir uns Sein Wort und die Gebote halten, so wird sichtbar, dass die Liebe Gottes in uns vollkommen geworden ist (1.Joh 2, 3-5). Wir werden aufgefordert in Seinem Licht zu wandeln, damit nichts Anstößiges in uns zu finden ist. Durch Jesus sind wir gerecht und so möchten wir auch bleiben. Unser himmlischer Vater hat uns Seine Liebe erwiesen und Er nennt uns Seine Kinder und Seine Geliebten. Liebe ist rein und soll reingehalten werden, so lasst uns nicht von jemanden in Versuchung geführt werden, sondern lasst uns in Liebe und Gerechtigkeit wandeln.

Lasst uns einander als Geschwister lieben. Jesus gab sein Leben für uns hin, so sollen auch wir bereit sein anderen in Not zu helfen, damit die Liebe Gottes durch uns offenbar wird. Lasst uns nicht nur mit Worten lieben, sondern auch mit Taten Liebe verschenken. Wenn wir Jesus als unseren Heiland angenommen haben, so kann man unseren Glauben und unsere Liebe wie folgt erkennen:

Daran erkennen wir, dass wir die Kinder Gottes lieben, wenn wir Gott lieben und seine Gebote halten. Denn das ist die Liebe zu Gott, dass wir seine Gebote halten; und seine Gebote sind nicht schwer. (1. Joh 5, 2-3)

3. <u>Der Weg zu Mir</u>

Jesus sagt dir: „Ich bin der Weg und die Wahrheit und das Leben; niemand kommt zum Vater als nur durch mich! *(Joh 14, 6)*

Mein Kind!

Noch bist du von Mir getrennt. Vieles hält dich fern von Mir. Doch es gibt <u>EINEN WEG</u>, der dich wieder zu Mir, deinem Vater, führen kann. JESUS, ist Mein erstgeborenen Sohn, an dem Ich viel Freude habe und der jetzt zu Meiner Rechten sitzt. Er kam als Mensch auf die Erde und hat sich für dich Menschen als Opfer bereit erklärt. Jesus starb, damit du und Ich wieder versöhnt werden können. Jesus führt dich in die Wahrheit und zurück ins ewige Leben. Du musst eine Entscheidung treffen: Folgst du Meinem Sohn oder folgst du deinem eigenen Weg. Nimmst du Jesus als deinen persönlichen Retter an oder nicht?

Wenn du ihn als den Retter annimmst, wird der Weg zu Mir freigeräumt. Die Sünde, die zwischen uns steht, wird aus dem Weg geräumt.

Ich frage dich, willst du Mein Kind sein?

Dann kehre um zu Mir, bereue und bekenne deine Sünden, trenne dich von deinen Sünden, bitte um Vergebung und bitte Jesus, dir deine Schuld ab zu nehmen. Nur Jesus allein kann dich erlösen! Im ganzen Himmel gibt es keinen anderen Namen, den die Menschen anrufen können, um errettet zu werden. Jesus heißt Jeschua (ישׁע) in Hebräisch, was so viel bedeutet wie Gott (יהוה = JHWH = Gottes Name) rettet oder Gott ist Hilfe.

Wenn du Jesus als deinen Retter angenommen hast, wirst du mit seinem kostbaren Blut reingewaschen. Die Striemen, die er vor seiner Kreuzigung erhielt, dienen deiner Heilung, ja, seine Wunden heilen dich.

Folge Jesus vorgegeben Weg. Er wird dich führen und leiten. Er ist dein Bruder. Er ist dein Hirte. Er führt dich in die Wahrheit. Er schickt dir den Helfer und Tröster – Meinen Heiligen Geist.

Dein Herz und dein Körper werden ein Tempel in dem Ich wohnen möchte. Halte diesen Tempel rein. Der Heilige Geist wird dir Meine Gebote in dein Herz schreiben und du wirst ihnen folgen und nicht von ihnen abweichen. Bedenke, dass es in jeder Familie Regeln gibt, die jedes Familienmitglied befolgen sollte.

Wenn du Jesus als deinen Retter und Heiland angenommen hast, wirst du Mein Kind. Ich schließe dich in Meine Arme und freue Mich jetzt schon auf unsere gemeinsame Zeit. Du bist Mein neugeborenes Kind und völlig schuldenfrei. Du bist eine neue Kreatur (2. Kor 5, 17).

Der Tod kann uns nicht mehr voneinander trennen. Du wirst ewig mit Mir leben. Die Trennung, die durch Adam und Evas Entscheidung geschah, wird rückgängig gemacht. Adam und Eva aßen vom Baum der Erkenntnis des Guten und des Bösen (1. Mose 2, 9.17), obwohl Ich Adam mitgeteilt hatte, was geschehen würde, wenn sie die Frucht vom Baum der Erkenntnis des Guten und des Bösen essen würden. Sie mussten den Tod kennenlernen und Ich musste ihnen den Zutritt zum Baum des Lebens sperren. Unsere Gemeinschaft wurde gestört. Erst durch den Opfertod Meines Sohnes Jeschuas ist es möglich geworden dir wieder Zutritt zu Mir und dem Baum des Lebens zu gewähren. Endlich können wir wieder in Gemeinschaft leben.

Willst du Mein Kind sein?

Dann kehre um zu Mir. Tu Buße und folge Jesus nach. Halte meine Gebote und komm in Meine weitausgestreckten Arme. Ich warte auf dich.

Ich liebe dich.
Dein Papa יהוה

3.1 Der Mensch und die Bäume im Garten Edens

Gott schuf den Menschen mit einem freien Willen. Er versorgte Adam und Eva mit Früchten. Im Garten Eden gab es viele verschiedene Bäume und alle sahen verlockend aus. Die zwei wichtigsten Bäume waren der Baum des Lebens und den Baum der Erkenntnis des Guten und Bösen.

Da machte Gott der HERR den Menschen aus Erde vom Acker und blies ihm den Odem des Lebens in seine Nase. Und so ward der Mensch ein lebendiges Wesen. Und Gott der HERR pflanzte einen Garten in Eden gegen Osten hin und setzte den Menschen hinein, den er gemacht hatte. Und Gott der HERR ließ aufwachsen aus der Erde allerlei Bäume, verlockend anzusehen und gut zu essen, und den Baum des Lebens mitten im Garten und den Baum der Erkenntnis des Guten und Bösen. (1. Mose 2, 7-9)

Und Gott der HERR gebot dem Menschen und sprach: Du darfst essen von allen Bäumen im Garten, aber von dem Baum der Erkenntnis des Guten und Bösen sollst du nicht essen; denn an dem Tage, da du von ihm isst, musst du des Todes sterben. (1. Mose 2, 16-17)

Was war denn nun mit dem freien Willen? Wieso gab Gott den Menschen einen freien Willen und gebot dann nicht von dem Baum der Erkenntnis des Guten und Bösen zu essen. Welche Bewandtnis hatte dies?

3.1.1 Der Baum des Lebens

Der Baum des Lebens schenkt ewiges Leben und ist auch mit der Weisheit des Lebens gefüllt. Es ist ein besonderer Baum, denn er wird getragen durch Gehorsam, Glauben, Sanftmut und Demut. Der Baum ist durch Gottes Liebe gekennzeichnet und in Jesus gegründet.

Seine Früchte sind: Geduld, Freude, Gottes Gerechtigkeit, Freiheit, Gottes Reichtum, gute Beziehungen, leben in Überfluss (Land von Milch und Honig),

<u>Ruhe, Friede, Kreativität, Sicherheit, Geborgenheit, Selbst-beherrschung, Ver-
trauen, Segen und Zuversicht, Belehrbarkeit und der Kraft des Loslassens.</u> Seine
<u>Blätter</u> schenken Heilung. Der Baum des Lebens führt in das Reich des Lichtes.

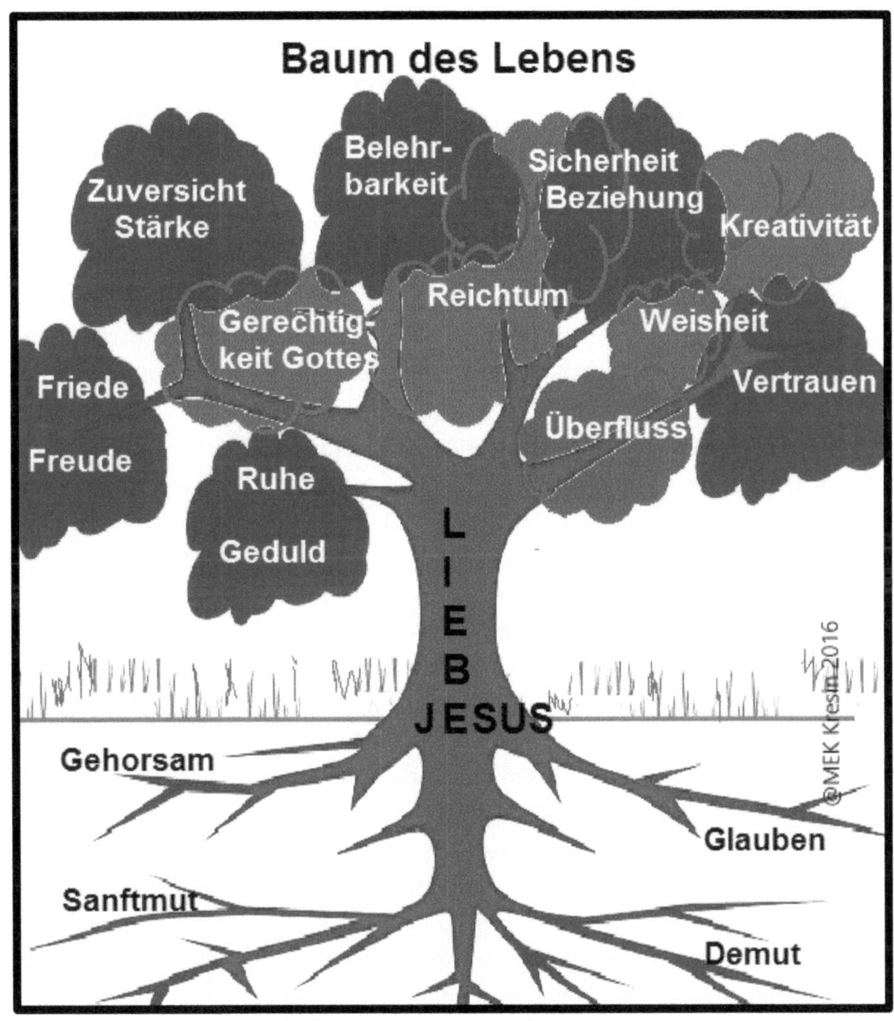

Abbildung 1: Baum des Lebens

3.1.2 Baum der Erkenntnis des Guten und des Bösen

Die verbotene Frucht vom Baum der Erkenntnis des Guten und Bösen stand verlockend im Garten.

Wir fragen uns oft, warum Gott uns überhaupt einen freien Willen gegeben hat. Wäre es nicht einfacher für uns und Ihn gewesen, wenn Er uns keine Entscheidungsmöglichkeiten gegeben hätte?

Gott schuf uns in Seinem Bild; Ihm ähnlich. Hierzu gehört auch der freie Wille. Gott wollte keine Sklaven oder Marionetten schaffen. Nein, Gott wollte Wesen mit denen Er Gemeinschaft haben konnte; die Seine besonderen Freunde sein sollten. Er ließ es zu, dass wir eigene Entscheidungen treffen können. Wie jeder liebevolle Vater warnte Er aber auch vor den Gefahren und Konsequenzen

Auch wir Menschen waren unsere vor Gefahren, doch ob die Kinder dem Rat der Eltern folgen, ist nicht immer gegeben. Die Eltern werden dann Vergehen bestrafen, mit der Strafe, die sie angedroht haben oder das Kind wird seine eigene Erfahrung machen und daraus lernen. „Das Feuer ist heiß. Fass es nicht an!" Die Warnung wird wohl erst richtig verstanden, wenn das Kind das Feuer oder den heißen Herd berührt hat und die Gefahr besser einschätzen kann. Vor kurzem spielten Kinder im Eisenbahngleis. Die Frage kam auf: „Haben die Eltern die Kinder nicht erzogen?" Antwort: „Doch mit aller Wahrscheinlichkeit haben sie sogar ein Verbot erteilt, aber wie damals Adam und Eva nicht gehorchten, so gehorchen auch Kinder nicht immer. Auch sie haben einen <u>eigenen Willen</u> und entscheiden leider oft nicht richtig.

So ist es auch mit dem Baum der Erkenntnis des Guten und des Bösen.

Satan nahm die Form der Schlange an und versuchte Eva. Sie aß von der verbotenen Frucht und bot Adam, der dabei stand, auch von der Frucht an. Gott blieb keine Wahl. Er wusste, dass die Folge der Tod war: Nicht sofort: Adam und Eva wurden vorerst vom Baum des Lebens, des ewigen Lebens, getrennt und aus dem Garten Eden verwiesen. Es wäre nicht sinnig gewesen sie weiter in die Nähe

des Baumes des Lebens zu lassen. Sie hat das Böse in ihrem Leben zugelassen und sollte nicht bis in alle Ewigkeit in diesem Bösen gefangen bleiben.
Das Leben verfinsterte sich langsam für sie. Immer öfter wurden die Gebote überschritten. Sie entfernten sich von Gottes Herrlichkeit und Licht und vergaßen schließlich die meisten Gebote Gottes. Ihnen fehlte die Weisheit, die richtigen Entscheidungen für ihr Leben zu treffen.

Die Menschen glaubten ihrem himmlischen Vater nicht. Unglaube kam (und kommt auch heute immer noch) in ihr Leben. Sie wurden stolz und handelten eigenmächtig. Dies führte in ein Leben gefüllt mit Angst, Ärger und harter Arbeit. Sie lernten die dunkeln Seiten des Lebens kennen:

Sorgen, Schwachheit, Unversöhnlichkeit, Unbelehrbarkeit, Gnadenlosigkeit, Kontrolle und Alleinsein, denn sie wurden von der Gemeinschaft mit Gott getrennt.

Ihr Leben war hart, sie erlitten oft Mangel und sie wurden immer bedrückter. Sie entwickelten Gier und wurden neidisch auf einander. Durch den Neid geschah der erste Mord, denn Kain ermordete seinen Bruder Abel.

Den Menschen fiel es immer schwerer, richtig von falsch zu unterscheiden.

3.1.3 Gottes Strafe und Verbannung

Gott hat die Menschen geschaffen um Gemeinschaft mit ihnen zu pflegen. Gott schuf sie in Seinem Bilde; Er gestaltete Adam und Eva Ihm ähnlich um sich an ihnen und ihren Nachkommen zu erfreuen. (1.Mose 1, 27-31). Er schuf Mann und Frau und gab ihnen den Auftrag fruchtbar zu sein und sich zu vermehren. Sie sollten über die Erde herrschen, als Gottes Stellvertreter.

Die Engel sahen wie sehr sich Gott über die Menschen freute. Seine Kinder sollten es gut haben. Er wollte und will auch heute Seine Kinder reich beschenken und sie mit allem nötigen versorgen. Das Leben sollte nicht nur aus Brot verdienen, Hungersnöten, Armut, Trauer, Krankheiten und Tod bestehen.

Sie wurden aus dem Paradies vertrieben, aber Gott sorgte weiter für sie. Zuerst gab Er ihnen Kleidung. Er gab ihnen ein Tier Fell als Bedeckung. Hier sehen wir, dass das erste Mal Blut fließen musste um Sünde zu bedecken. Ein Tier wurde geopfert um die erste Sünde zu bedecken.

Es musste auch vergossen werden, damit die Schande und Blöße der Menschen bedeckt werden konnte. Vorher waren sie mit Gottes Herrlichkeit (Schekina) gekleidet, doch nun waren Adam und Eva nicht mehr mit Gottes Licht bedeckt. Ein Tier musste für sie geopfert werden.

Warum mussten Adam und Eva aus dem Garten Eden verbannt werden?

Gott liebt Seine Kinder. Er wollte ihnen alles geben, doch musste Er auch Grenzen setzen, weil Er wusste, was den Menschen nicht gut tun würde. Seine Gebot lautete: **„Esst nicht von dem Baum der Erkenntnis des Guten und des Bösen."**

Gott JHWH wusste, dass wenn Seine ersten Kinder vom Baum der Erkenntnis aßen, würden sie den Unterschied zwischen Gut und Böse erkennen. Sie würden <u>in der Welt des Bösen leben müssen</u>, denn die Verlockungen der Welt würden immens groß und verführerisch sein.

Da der HERR den Menschen einen <u>freien Willen</u> gegeben hatte, lag es an ihnen Gott zu gehorchen. Adam und Eva waren jedoch ungehorsam. Durch ihren Ungehorsam hatte das Böse, vor allem der Neid, Zutritt in diese Welt.

Gott erkannte das Unheil. Er musste Adam und Eva schnell aus Seiner Nähe und Heiligkeit sowie vom **Baum des Lebens** verbannen. Er sagte sich:

„Siehe, der Mensch ist geworden wie unsereiner und weiß, was gut und böse ist." (1. Mose 3, 22).

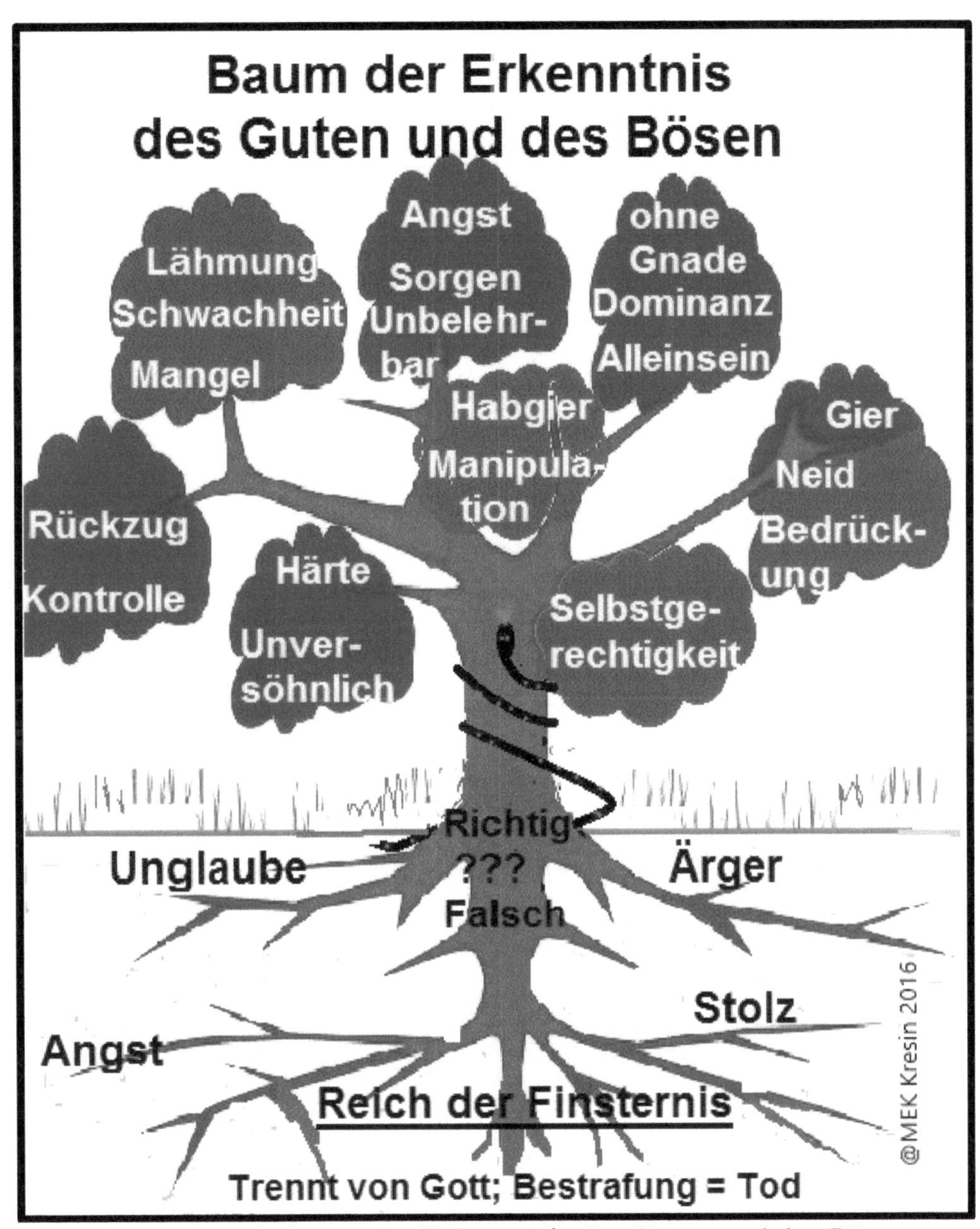

Abbildung 2: Baum der Erkenntnis des Guten und des Bösen

Gott sah sich also gezwungen die beiden daran zu hindern weiteren Schaden anzurichten. Hätten Adam und Eva vom Baum des Lebens gegessen, würden sie, das ewige Leben erhalten und wären dann **für immer** in der Welt des Bösen gefangen. Der Allmächtige musste dringend handeln um dies zu verhindern.

Zur <u>Strafe und als Vorsorgemaßnahme</u> wurden Adam und Eva aus dem Paradies verbannt. Des Weiteren sollte Eva unter Schmerzen Kinder zur Welt bringen und Adam musste hart auf dem Acker arbeiten. Gott erdachte sich ABER AUCH <u>sofort</u> einen Weg, den Menschen mit sich zu <u>versöhnen</u>. Der Ewige wollte seinen Kindern und auch uns, schlussendlich ewiges Leben schenken. Gott sprach zu Satan, der die Schlange für seine Zwecke benutzt hatte:

„Und Ich will Feindschaft setzen zwischen dir und der Frau und zwischen deinem Samen und ihrem Samen; er wird dir den Kopf zertreten, und du wirst ihn in die Ferse stechen." (1. Mose 3, 15)

Aus dem Same der Frau sollte der Erlöser kommen. Schon damals wusste Gott JHWH, dass er Jesus (Jeschua /JAHuschua = JHWH rettet) als den Erlöser und Befreier schicken musste und wollte, um so den Weg der Erlösung zu offenbaren. Der Nachkomme Evas sollte Satan, dem Versucher und Verwirrer, besiegen. Jesus, der späte Nachkomme Evas und Seine Sohn, hat dies mit seinem Opfertod am Kreuz geschafft. Satan und das Böse sind schon vor knapp zweitausend Jahren besiegt worden.

3.2 Vergebung ist eine persönliche Entscheidung

Durch das Essen von dem Baum der Erkenntnis des Guten und Bösen ist den Menschen bewusst geworden, dass es zwei Seiten einer Medaille gibt: die eine glänzt und verlockt uns zu bösen oder ungehorsamen Taten, die andere wirkt oft sehr schlicht, doch sie hält uns auf dem gerechten Pfad.

Im Leben kommen wir des Öfteren an einen Punkt an dem wir uns entscheiden müssen, ob wir das Gute oder das Böse tun wollen. Unser Gewissen erinnert uns und schenkt uns Erkenntnis darüber.

Kain hat aus Eifersucht seinen Bruder Abel ermordet. Es war sein Wille. Auch hier bestrafte Gott ihn sofort und verbannte ihn. Gab es für Kain die Möglichkeit der Buße und Umkehr? Gott hätte ihn sofort töten können, doch Gott hatte Erbarmen und gab ihm nach einer Verbannung aus der Gegend, die Möglichkeit weiter zu leben und auf Gottes Wegen zu gehen. Kain jedoch blieb weiterhin auf dem falschen Weg.

Jakob (der später den Namen Israel von Gott erhielt) erwarb sich mit List das Erstgeburtsrecht von seinem Bruder Esau. Gott sah, dass Jakob den besseren Weg folgen würde und deshalb half Er ihm auf dem richtigen Weg zu bleiben.

Jeder von uns muss selbst beschließen, ob er ganze Sache mit Gott machen will oder ob er es bleiben lässt. Es gibt keine halben Sachen bei Gott. Der HERR hat uns eine Möglichkeit geschenkt, die uns ermöglicht zu Ihm zurück zu finden. Er sandte Seinen Sohn auf die Erde um für uns den Weg frei zu räumen und uns durch seinen grausamen Tod am Kreuz frei zu kaufen von Satan, unserem Erzfeind. Jesus, Gottes Sohn, wurde als Mensch geboren, mit dem Heiligen Geist getauft und führte ein Leben nach Gottes Willen. Man konnte ihm keine Schuld nachweisen. Er starb frei von Sünde und Schuld für uns am Kreuz zu Vergebung unserer Sünden.

Es ist unsere freiwillige Entscheidung, ob wir Jesus Christus als unseren persönlichen Retter, annehmen oder weiter den eigenen, gottlosen Wegen folgen möchten.

Gottes Wunsch ist es, dass wir Ihm unser ganzes Herz schenken und zu Ihm, unserer ersten Liebe, umkehren.

Diese <u>Entscheidung</u> muss sehr <u>bewusst getroffen werden</u>. Es hilft diese Entscheidung vor einem Zeugen zu treffen und zu bekunden, doch können wir unser Leben Jesus auch mit einem persönlichen Gebet, siehe unten, übergeben.

3.2.1 Erkenne, bekenne und bereue deine Sünde

Jeder Mensch hat in seinem Leben gesündigt, **denn es ist kein Mensch auf der Erde so gottesfürchtig, dass er nur Gutes tut und niemals sündigt. (Prediger 7, 20, Luther 1984)**

Uns fällt es schwer, uns an Gottes <u>10 Gebote</u> oder wenigstens die <u>zwei wichtigsten Gebote</u>, wie Jesus sie zusammengefasst hat, zu halten. (Mk 12, 29-31)

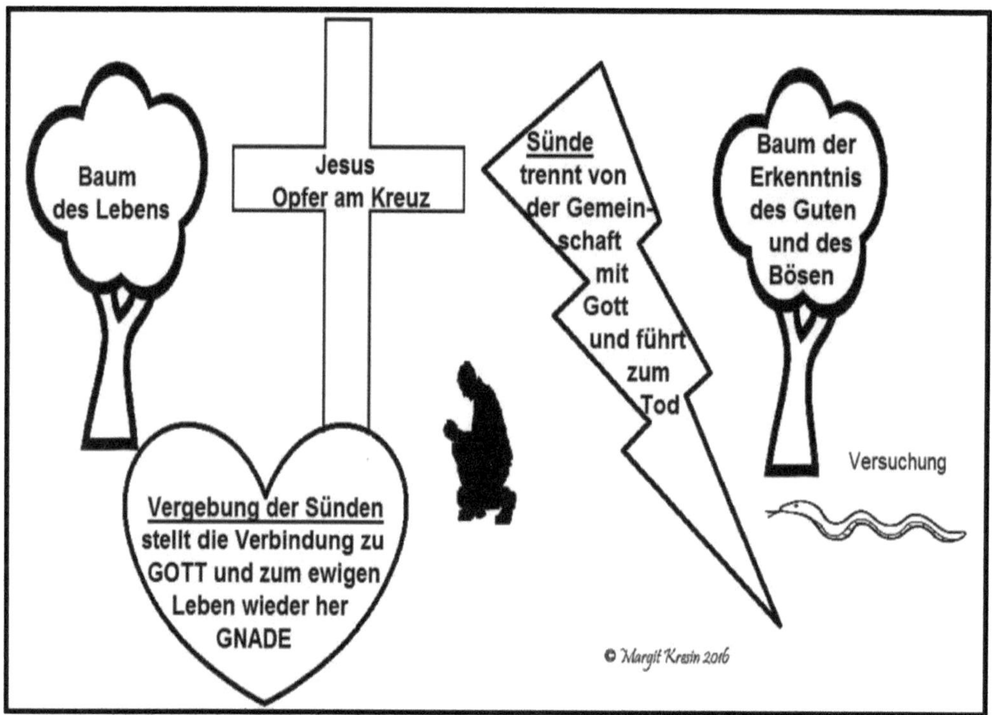

Abbildung 3: Vergebung der Sünden

<u>Was bedeutet Sünde?</u>

- Alle menschlichen Taten, die nicht in Gottes Sinne sind, sind als Sünde zu verstehen.
- Wir sündigen in <u>Gedanken</u>, <u>Gefühlen</u>, <u>Worten</u> und <u>Taten</u>.
- Sünden trennen uns (ewig) von Gott.

Nachdem wir erkannt haben, dass wir gesündigt haben, fällt uns auf wie sehr wir Gott betrübt haben. Wir bereuen all unsere Vergehen, denn Gott kennt alle unsere Taten. Wir haben aber eine Hoffnung: Indem wir unsere Sünden bereuen und bekennen, dürfen wir auf die vergebende Gnade Jesu Christi, Gottes Sohn, hoffen. Jesus ist als Opferlamm für unsere Schuld am Kreuz gestorben und er bietet uns an: **Wer zu mir kommt, den werde ich nicht hinausstoßen. (Joh 6, 37 b)**

3.2.2 Von Sünden trennen und um Vergebung bitten

Wenn du deine Sünden erkannt und bekannt hast, ist es wichtig sich mit Gottes Hilfe von jeder einzelnen Sünde los zu sagen. Mir hat es geholfen, jede Sünde, die mir eingefallen ist oder besser gesagt, jede Sünde, die mir der Heilige Geist offenbart hat, auf zu schreiben und später den Zettel zu entsorgen oder (noch sichtbarer) zu verbrennen.

Wir kehren um von unseren falschen Wegen und folgen Jesus, der sagt:

Ich bin der Weg und die Wahrheit und das Leben; niemand kommt zum Vater als nur durch mich! (Joh 14, 6)

Es ist wichtig sich zu demütigen und Gott zu bitten uns unsere Schuld zu vergeben und Ihn zu bitten uns als Sein Kind um Jesu Christi Willen an zu nehmen.

In Jesus allein gibt es Erlösung! Im ganzen Himmel gibt es keinen anderen Namen, den die Menschen anrufen können, um errettet zu werden. *(Apg 4, 12, NL)*

3.2.3 Glaube, Glaubensschritte und die Wiedergeburt

Nun können wir beginnen zu glauben:

- Jesus Christus, Gottes Sohn, ist aus Liebe für uns am Kreuz gestorben. Er hat unsere Sünden für uns am Kreuz getragen. Jesus ist unser Erlöser.
- Jesus hat uns angenommen und durch sein Blut, das er am Kreuz vergossen hat, sind wir von unseren Sünden reingewaschen. Durch seine Wunden sind wir geheilt. Wir werden im Glauben wachsen. Wir sind errettet.
- Gott hat uns unsere Sünden durch Jesus Christus, den Messias, vergeben.
- Wir sind Gottes Kinder und folgen ab jetzt Seinem Willen und halten uns an Seine Gebote.
- Jeder der Jesus Christus als seinen persönlichen Erlöser angenommen hat, ist ein Kind Gottes.

Allen aber, die ihn aufnahmen, denen gab er das Anrecht, Kinder Gottes zu werden, denen, die an seinen Namen glauben. (Joh 1, 12)

- Wir sind dankbar für die Gnade und Liebe, die Gott und Sein Sohn uns erwiesen haben.
- Wir wollen diese Botschaft auch weitergeben indem wir Botschafter Gottes werden und das Reich Gottes verkünden.
- Jesus nennt dieses Geschehen „neu geboren werden". Er sagte:

Wahrlich, wahrlich, ich sage dir: Wenn jemand nicht von neuem geboren wird, so kann er das Reich Gottes nicht sehen! (Joh 3, 3b)

Wenn wir ehrlich und aufrichtig zu Gott umkehren, uns "bekehren", dann fängt Gott an, in unserem Leben etwas zu wirken. Es ist das, was die Bibel eine <u>Geburt aus Wasser und Geist</u> bezeichnet.

Gott kommt mit Seinem Heiligen Geist, und macht unseren Geist, der "tot" in Sünden ist, wieder lebendig. "Tot" bedeutet hier "getrennt". Wenn ein Mensch stirbt, werden <u>Geist</u>, <u>Seele</u> und <u>Leib</u> (Körper) voneinander getrennt. So ist unser natürlicher Zustand tot, d.h. durch Sünde getrennt von Gott. Als Adam und Eva aßen vom Baum der Erkenntnis von Gut und Bösem aßen, wurden sie vom Baum des Lebens (ewigen Lebens) verbannt. Ihnen wurde also das ewige Leben weggenommen. Sie mussten sterben.

Wenn wir Jesus als unseren Retter und Heiland annehmen, unsere Sünden bekannt haben, werden wir von <u>neuem geboren</u> und Gott stellt unsere Beziehung zu Ihm wieder her.

Wir werden eine neue Kreatur. Wir lesen in der Bibel:

Darum: **Ist jemand in Christus, so ist er eine neue Kreatur; das Alte ist vergangen, siehe, Neues ist geworden. (2. Kor 5, 17)**

3.3 Übergabegebet

Ein einfaches Übergabegebet könnte so aussehen:

Lieber Vater im Himmel,
ich gebe Dir Mein Leben. Ich erkenne, dass ich ein Sünder bin und dass ich von mir aus keine Möglichkeit habe vor Dir, großer und allmächtiger Gott, gerecht stehen zu können. Doch durch Jesus Christus, Deinem eingeborenen Sohn, hast Du den Weg freigemacht, damit ich zu Dir kommen kann und mit Dir Gemeinschaft haben kann.
Dies nehme ich jetzt für mich an. Ich akzeptiere, dass Jesus für mich gestorben, von den Toten auferstanden ist und jetzt für mich lebt. Ich akzeptiere den Opfertod Jesu für mich, den er stellvertretend für mich am Kreuz von Golgatha erlitten

hat. Ich danke, dass sein Blut für meine Schuld geflossen ist. Ich nehme es für mich willentlich in Anspruch.

HERR, ich tue Buße für Dinge, die ich falsch gemacht habe, wissentlich oder unwissentlich. Ich bitte Dich, dass Du mich in einen Prozess der Reinigung, der Heiligung und des Wachstums hineinführst. Ich möchte anders leben als bisher. Ich möchte so leben, wie es Dir wohlgefällig ist. Bitte lass mich wachsen und geistlich reif werden. Ich nehme all das an, was Jesus für mich getan hat. Ich nehme ihn als meinen Herrn, meinen Retter und Erlöser an.

Ich übergebe Dir mein Leben mit all meinen Sorgen, Nöten, Ängsten, Beschwerden, Krankheiten, Schmerzen, Depressionen, Selbstvorwürfen und allen anderen negativen Eigenschaften und Sünden.

Bitte übernimm die Herrschaft in meinem Leben. Bitte schenke mir Weisheit, Wahrheit und Erkenntnis sowie Deinen Heiligen Geist und sei Du mein ständiger Begleiter. Fülle mein Herz und gestalte mich so, wie du mich haben willst.

Danke.
In Jesu Namen Amen

3.4 Der Sohn Gottes ist der Retter der Welt

Der Apostel Johannes fasst dies wie folgt zusammen:

Und wie Mose in der Wüste die Schlange erhöhte, so muss der Sohn des Menschen erhöht werden, damit jeder, der an ihn glaubt, nicht verlorengeht, sondern ewiges Leben hat. Denn so sehr hat Gott die Welt geliebt, dass Er seinen eingeborenen Sohn gab, damit jeder, der an ihn glaubt, nicht verlorengeht, sondern ewiges Leben hat. Denn Gott hat Seinen Sohn nicht in die Welt gesandt, damit er die Welt richte, sondern damit die Welt durch ihn gerettet werde. Wer an ihn glaubt, wird nicht gerichtet; wer aber nicht glaubt, der ist schon gerichtet, weil er nicht an den Namen des eingeborenen Sohnes Gottes geglaubt hat. Darin aber besteht das Gericht, dass das Licht in die Welt gekommen ist, und die Menschen liebten die Finsternis mehr als das Licht; denn ihre Werke waren böse. Denn jeder, der Böses tut, hasst das Licht und kommt nicht zum Licht, damit seine Werke nicht aufgedeckt

werden. Wer aber die Wahrheit tut, der kommt zum Licht, damit seine Werke offenbar werden, dass sie in Gott getan sind. (Joh 3, 14-21)

3.5 Taufe

Wer an den Sohn glaubt, der hat ewiges Leben. (Joh 3, 36a)

Wenn wir den wahren Weg erkannt haben, möchten wir unser Leben Jesus ganz übergeben. Mit der Glaubenstaufe werden **... wir in den Tod (mit Jesus) begraben, damit, gleichwie Christus durch die Herrlichkeit des Vaters von den Toten auferweckt worden ist, ebenso auch wir in einem neuen Leben wandeln. (Römer 6, 4)**

Mit der Taufe beerdigen wir im Glauben unsere begangenen Sünden und durch untertauchen waschen wir uns rein. Wir bestätigen mit der Taufe, dass wir an Jesus Christus, den Sohn Gottes glauben und dass er für uns am Kreuz auf Golgatha starb. Durch sein kostbares Blut wurden wir von der Herrschaft der Sünde und des Todes erlöst und reingewaschen. Egal ob du letzte Woche oder vor zehn Jahren zum Glauben an Gott gekommen bist, die Wassertaufe ist ein wichtiger Bestandteil unseres Glaubens. Mit der Taufe bezeugen wir vor den Menschen, vor Gott und vor der geistlichen, übernatürlichen Welt, dass wir einen lebendigen Glauben an Jesus Christus und eine neue Identität haben!

Denn ihr alle, die ihr in Christus hinein getauft seid, ihr habt Christus angezogen. (Gal 3, 27)

Seht, welch eine Liebe hat uns der Vater erwiesen, dass wir Kinder Gottes heißen sollen! Darum erkennt uns die Welt nicht, weil sie ihn nicht erkannt hat. Geliebte, wir sind jetzt Kinder Gottes, und noch ist nicht offenbar geworden, was wir sein werden; wir wissen aber, dass wir ihm gleichgestaltet sein werden, wenn er offenbar werden wird; denn wir werden ihn sehen, wie er ist. (1. Joh 3, 1-2)

Durch Buße und Glauben haben wir Vergebung aller unserer Sünden empfangen und durch Jesus' Tod am Kreuz wurde uns ein neues Leben geschenkt. Wir dürfen entschlossen ein neues, Gott geweihtes Leben zu führen. Weil wir den Weg der Sünde nicht mehr gehen wollen, geben wir unser altes Leben durch die Taufe in den Tod.

Nun leben wir für Christus, der über unser ganzes Leben verfügen und unser Handeln und Denken leiten und bestimmen soll.

Wir gehören zum Leib Christi, d.h. zu seiner Gemeinde. Wir wollen die Einheit mit allen wahren Kindern, wollen sie lieben und ihnen dienen und uns den von Gott gesetzten Leitern unterordnen.

Wir wissen nun, dass wir Kinder unseres himmlischen Vaters sind.

Wir sind **Königskinder**.

Wir sind **Gotteskinder**.

3.6 Der liebende Vater wartet auf dich
(Lukas 15, 11-32)

Im Lukasevangelium erzählt Jesus in einem Gleichnis von einem Vater und seinen zwei Söhnen. Beide werden vom Vater gleichermaßen geliebt. Der jüngere Sohn verlangt jedoch eines Tages seinen Erbteil. Mit diesem Geld zieht er in ferne Länder. Er genießt sein Leben in vollen Zügen. Doch irgendwann ist alles verprasst. Er muss sich als Bettler und schließlich als Schweinehirte (Schweine sind unreine Tiere) durchs Leben schlagen. Der Sohn merkt, dass er gesündigt hat, und macht sich auf den Weg zum Vater um ihm seine Sünde zu gestehen und ihn um eine Stelle als Tagelöhner zu bitten. Der Vater freut sich jedoch so sehr über die Umkehr seines Sohnes, dass er sofort ein riesiges Fest veranstaltet. Der andere Sohn, der dem Vater immer treu war und immer in der Liebe des Vaters gestanden hat, beklagt sich beim Vater. Dieser antwortet seinem Sohn:

… Mein Sohn, du bist allezeit bei mir, und alles, was Mein ist, das ist dein. Du solltest aber fröhlich sein und dich freuen; denn dieser dein Bruder war tot und ist wieder lebendig geworden, und er war verloren und ist wiedergefunden worden! (Luk15, 31-32)

Das Gleichnis vom verlorenen Sohn beschreibt das Verhältnis zwischen Gott und uns Menschen. Der Vater, der zwei Söhne hat, steht für Gott, den Schöpfer. Die beiden Söhne sind ein Bild für uns Menschen.

Der eine Sohn entscheidet sich, ohne den Vater und ohne Regeln zu leben. Er möchte in Freiheit und nach seinen eigenen Vorstellungen zu leben. Dies geht nur eine gewisse Zeit gut. Er merkt, dass er so nicht weiterleben kann. Er tut Buße und kehrt um. Der Vater veranstaltet ein Freudenfest.

Der zweite Sohn, der beim Vater geblieben ist, führt ein gutes, gerechtes und gottesfürchtiges Leben. Er ist jedoch am Ende neidisch, denn er ist der Meinung, dass er doch immer Gottes Wegen gefolgt war und findet es ungerecht, dass für ihn nicht so ein großes Fest gefeiert wird. Er ist der Meinung, dass er mehr Anerkennung verdient als dieser Herumtreiber von Bruder.

Jesus macht uns mit diesem Gleichnis deutlich, dass Gott sich besonders dann freut, wenn sehr tief gefallene Menschen zum Glauben an Ihn kommen und um Vergebung ihrer Sünden bitten. Sie erhalten Erlösung von ihren Sünden und damit ewiges Leben und dürfen wieder in Gottes Nähe und Herrlichkeit treten.

<u>Aber</u> Jesus macht auch deutlich, dass der Vater <u>alle</u> Seine Kinder liebt: die verloren gegangenen und auch die Ihm immer treu und ergeben waren.

Gleichzeitig weist dieses Gleichnis auf die Gläubigen hin, die sich ganz strikt an Gesetzlichkeiten halten und dabei die Liebe Gottes vergessen. Jesus selbst weist auf die Wichtigkeit der LIEBE und NÄCHSTENLIEBE hin als er die 10 Gebote in zwei Geboten zusammenfasst.

Höre, Israel, der Herr, unser Gott, ist der Herr allein, und du sollst den
Herrn, deinen Gott, lieben von ganzem Herzen, von ganzer Seele, von ganzem Gemüt und mit all deiner Kraft. (5. Mose 6, 4-5).

Das andere ist dies:

Du sollst deinen Nächsten lieben wie dich selbst" (3. Mose 19, 18).
Es ist kein anderes Gebot größer als diese. (Markus 12, 29-31)

4. Ich habe dich bei deinem Namen gerufen

Mein Kind!

Schon lange wolltest du diesen Schritt tun. Du hast dich taufen lassen. Du hast nicht aufgegeben. Ich freue Mich, Mein Kind. Lass dich nicht verunsichern. Ich bin da! Ich halte dich und werde dich nicht fallen lassen. Höre nicht auf Menschen. Höre auf Mich und Ich werde dir unglaubliche Dinge kundtun. Sei demütig und komm ganz in Meine Nähe. Von Angesicht zu Angesicht möchte Ich mit dir reden. Es gibt Vieles, was du heute noch nicht verstehst, aber Ich will dich unterweisen. Ich werde dir immer helfen, wenn du Mich rufst! Bitte, so wird dir gegeben! Ja, klopfe an! Meine Tür ist offen für alle deine Bedürfnisse. Schau auf Mich! Du hast heute einen neuen Bund mit Mir geschlossen, den Ich nicht brechen werde. Fürchte dich nicht! Ich bin Mir dir! Ich habe dich bei deinem Namen gerufen! Du bist Mein! Wo du auch hingehst, ich werde mit dir sein! Du sollst Früchte bringen für die Ewigkeit.

Dein Vater

4.1 Die Stimme Gottes hören

Diese prophetische Botschaft wurde einer Glaubensschwester zu meiner Taufe im August 2016 durch den Heiligen Geist diktiert. Es ist eine Bestätigung dessen, was auch ich schon früher vernommen hatte. Es macht mir Mut von Gott zu hören und dann auch noch eine Bestätigung durch andere Glaubensgeschwister zu erhalten.

Unser himmlischer Vater spricht gerne mit uns. Mit mir spricht Er gerne in dem Er mir kleine Botschaften, Bibelverse, Gedichte, Liedtexte diktiert oder ansagt.

Magst du dich vielleicht auch mal hinsetzen und auf die Stimme Gottes hören. Lass dir doch auch einen persönlichen Brief von Gott ansagen. Am Anfang fällt es dir vielleicht schwer, in dich hineinzuhören, und manchmal meinst du, dass du nur deine eigenen Gedanken hörst. Mir half es beim ersten Mal, mich unter einen Baum in den Garten zu setzen und Gott an zu beten, zu loben und zu preisen. Dort nahm ich inmitten von Gottes Schöpfung Seine leise Stimme wahr. Jetzt höre ich Gottes Stimme am besten in meinem Zimmer in meiner Gebetsecke, aber auch wo immer ich unterwegs bin.

Gott spricht heute mit jedem wiedergeborenen Gläubigen, doch müssen wir uns auch bereithalten mit den geistigen Sinnen zu hören, zu sehen, zu fühlen, zu schmecken und zu riechen. Gott redet auf sehr unterschiedliche Weise: direkt, durch Engel, Visionen oder Träume. Durch Sein Reden offenbart Er sich selbst. Er zeigt uns Sein Wesen, Seinen Charakter und Seine Gedanken. Seine Stimme hören ist eines der Geschenke, der Gaben des Heiligen Geistes (Kapitel 8), mit denen wir nach unserer Wiedergeburt beschenkt werden.

Als ich das erste Mal versuchte mir von Gott einen Brief diktieren zu lassen, war ich noch sehr verunsichert, doch der Heilige Geist half mir Gott zu verstehen. Dies wird er auch bei dir machen.

Mit der Hilfe des Heiligen Geistes (Ruah haKodesch – heiliger Wind) höre ich bestimmte Bibelstellen; manchmal aber malt Gott mir ein Bild, welches ich dann in meinen Gedanken als Vision wahrnehme.

Gott spricht aber durch Worte, durch Visionen und durch Träume oder Einrücke. Es ist immer wieder spannend wie Er uns begegnen möchte.

Gottes Stimme ist meist eine leise Stimme, Er kann aber auch seine Stimme erheben. Einige Christen sagen, dass sie Jesus hören. Andere meinen, dass sie den Heiligen Geist hören. Ich spreche meistens mit dem Vater, weiß aber, dass Jesus mit mir spricht, wenn ich als seine Braut oder als kleine Kriegerin angesprochen werde. Lass dich da nicht verunsichern. Gottes Stimme dringt von innen in unser Herz und wir können so in Gottes Herz hören.

Hier ein paar Tipps:
- Geh in die Stille und suche den Vater, Jesus oder den Heiligen Geist.
- Bete ihn an. (Lobpreis)
- Höre spontan.
- Schreibe auf was du hörst.
- Mir half es anfangs meine Augen zu schließen.
- WARTE, d.h. harre geduldig auf das Eingreifen Gottes.

Harre auf den HERRN! Sei stark, und dein Herz fasse Mut, und harre auf den HERRN! (Psalm 27, 14)

Ich führe ein Gebetsbuch. So kann ich meine Gebete und vor allem aber die gehörten Worte, Verse, Bibelstellen oder Bilder notieren und erinnern. Jesus sagte:

Meine Schafe hören meine Stimme, und ich kenne sie und sie folgen mir. (Joh 10, 27)

Als Pilatus Jesus fragte, ob er denn König sei, antwortete dieser:

Du sagst es, ich bin ein König. Ich bin dazu geboren und in die Welt gekommen, dass ich die Wahrheit bezeugen soll. Wer aus der Wahrheit ist, der hört meine Stimme. (Joh 18, 37)

Aber auch schon aus dem Alten Testament wissen wir, dass die Menschen, Gottes Stimme hören konnten. Wir denken dabei an z.B. an Mose oder Abraham, und natürlich auch die großen und kleinen Propheten.

Rufe Mich an, so will Ich dir antworten und will dir kundtun große und unfassbare Dinge, von denen du nichts weißt. (Jer 33, 3)

…und rufe Mich an in der Not, so will Ich dich erretten und du sollst Mich preisen. (Ps 50, 15)

In der Offenbarung des Johannes im 2. und 3. Kapitel finden wir folgenden wiederholten Ausruf:

Wer ein Ohr hat, der höre, was der Geist den Gemeinden sagt!

Hiermit sind das innere Ohr und die innere Stimme des Heiligen Geistes gemeint. Zur täglichen, natürlichen Kommunikation benutzen wir Menschen neben unserem <u>Mund</u> auch unsere <u>Augen</u> und <u>Ohren</u>. Wir achten auf <u>Mimik</u> und <u>Gestik</u>. In der geistlichen Kommunikation mit Gott ist dies ähnlich. Zu den obengenannten Sinnen kommen in der geistlichen Kommunikation auch unsere anderen Sinne, wie die <u>Geruch-, Geschmacks-, Tast- und Berührungssinne</u>, hinzu. Gott lässt uns z.B. einen Windhauch spüren oder uns wird plötzlich sehr warm. Manchmal können wir auch besondere Gerüche wahrnehmen oder wir haben plötzlich einen besonderen Geschmack im Mund. Als ich mein neues Arbeitszimmer einrichtete, roch es immer mal wieder nach Vanille. Wenn Gefahr droht, rieche ich oft schon am frühen Morgen Schwefel oder Rauch im Flur, dann kann ich mich schnell wappnen und zu Gott beten und um Schutz bitten.

Genauso wie wir sieben Sinne (Hören, Sehen, Schmecken, Riechen, Tasten, Fühlen, Körperbalance) haben, die uns mit Informationen über die physische

Welt versorgen, haben wir auch Sinne, die uns mit der geistlichen Welt in Berührung bringen. Die geistlichen Sinne sind genauso wichtig wie die psychischen. Leider haben die meisten von uns ihre geistlichen Sinne nur wenig entwickelt. Viele Christen glauben noch nicht einmal, dass sie geistliche Sinne haben. In der Bibel lesen wir, dass wir alle geistliche Augen und Ohren haben.

1. Elisa bittet Gott darum, seinem Diener die (geistlichen) Augen zu öffnen. (Vgl. 2. Könige 6,17).
2. Paulus betet, dass Gott den Gläubigen die Augen der Herzen erleuchtet werden (Eph 1,18).

Ich bitte jeden Gläubigen, sich Zeit zu nehmen und Gott, um <u>offene, geistliche Sinne</u> zu bitten. Möge euer Herz sich öffnen, damit Gott durch euch wirken und sprechen kann. Unser Vater verspricht uns, dass Er uns unglaubliche Dinge kundtun wird.

4.2 Gott hat uns mit unseren Namen gerufen

Namen sind ein wichtiger Teil von dem, wer wir sind. Sie sind ein Teil unserer Identität. Die Namen, die wir jetzt tragen, haben für Gott eine Bedeutung! Die Bedeutung eines Namens kann man sehr gut in christlichen Namensbüchern nachschlagen.

Den Namen, den wir tragen, wurde unseren Eltern von Gott eingegeben, d.h. sie wurden von Gott inspiriert diesen Namen zu geben.

Gott ruft uns mit unserem Namen:

Fürchte dich nicht, denn Ich habe dich erlöst! Ich habe dich bei deinem Namen gerufen; du bist mein. (Jes 43, 1b)

Paulus erklärt in seinem Gebet auch, dass Gott, der Vater, uns unsere Namen gegeben hat:

Deshalb beuge ich meine Knie vor dem Vater unseres Herrn Jesus Christus, von dem jedes Geschlecht im Himmel und auf Erden den Namen erhält, dass er euch nach dem Reichtum seiner Herrlichkeit gebe, durch seinen Geist mit Kraft gestärkt zu werden an dem inneren Menschen, dass der Christus durch den Glauben in euren Herzen wohne, damit ihr, in Liebe gewurzelt und gegründet, dazu fähig seid, mit allen Heiligen zu begreifen, was die Breite, die Länge, die Tiefe und die Höhe sei, und die Liebe des Christus zu erkennen, die doch alle Erkenntnis übersteigt, damit ihr erfüllt werdet bis zur ganzen Fülle Gottes. (Eph 3, 14-19)

Oft änderte Gott Namen, z.B. <u>Abram</u> wurde <u>Abraham</u>, <u>Jakob</u> wurde <u>Israel</u>, <u>Sarai</u> wurde <u>Sarah</u>. Gott aber verspricht uns, Seinen Kindern, in der Offenbarung, dass wir einen neuen Namen erhalten werden.

Wer ein Ohr hat, der höre, was der Geist den Gemeinden sagt! Wer überwindet, dem werde ich von dem verborgenen Manna zu essen geben; und ich werde ihm einen weißen Stein geben und auf dem Stein geschrieben einen neuen Namen, den niemand kennt außer dem, der ihn empfängt. (Offenbarung 2, 17)

Auch heute gibt uns unser himmlischer Vater manchmal <u>einen neuen Namen</u>, vielleicht sogar einen Namen aus der Bibel. Behalte den Namen für dich und versuche, etwas über den Namen in der Bibel heraus zu finden. Untersuche, ob dir unser ewiger und allmächtiger Gott durch diesen Namen eine Botschaft übermitteln möchte. Vielleicht möchte Er dir zeigen, wo du noch Mängel hast oder wo du noch etwas lernen musst. Manchmal zeigt er dir Charakterzüge einer Person auf, die du lieber ablegen solltest oder die du dir aneignen solltest. Versuche dich, dem entsprechend zu verändern. Ein neuer Name kann auch bedeuten, dass du in ein Amt oder einen besonderen Dienst berufen wurdest. Dies können wir in der Geschichte von Abram bzw. Abraham sehen. <u>Abram</u> wird in 1. Mose 12 von Gott berufen:

Der Herr aber hatte zu Abram gesprochen: Geh hinaus aus deinem Land und aus deiner Verwandtschaft und aus dem Haus deines Vaters in das Land, das Ich dir zeigen werde!

<u>Abram</u> wird als der Sohn von Terach beschrieben. Sein Name bedeutet <u>erhabener Vater</u>. Abram wurde von Gott berufen um aus dem götzendienerischen Land seiner Vorfahren in ein Land zu ziehen, welches Gott ihm zeigen würde. Gott versprach ihn zu segnen und ihn zum Segen werden zu lassen.

Als nun Abram 99 Jahre alt war, erschien ihm der Herr und sprach zu ihm: Ich bin Gott, der Allmächtige (El Schaddai). Wandle vor mir und sei untadelig! Und Ich will meinen Bund schließen zwischen mir und dir und will dich über alle Maßen mehren! Da fiel Abram auf sein Angesicht. Und Gott redete weiter mit ihm und sprach: Siehe, Ich bin der, welcher im Bund mit dir steht; und du sollst ein Vater vieler Völker werden. Darum sollst du nicht mehr Abram heißen, sondern Abraham soll dein Name sein; denn Ich habe dich zum Vater vieler Völker gemacht. (1. Mose 17, 1-5)
Gott änderte also den Namen von <u>Abram</u> (= erhabener Vater) zu <u>Abraham</u> (= Vater vieler Völker oder Vater der Menge).

5. Mein Name

Mein Kind!

Nicht nur du hast einen Namen. Auch Ich habe einen Namen. Schon Mose fragte Mich nach Meinem Namen und Ich antwortete ihm: „Ich bin, der Ich bin!"

Was ist das für ein Name, fragst du jetzt sicher. In der Sprache, die damals gesprochen wurde, macht dieser Name jedoch sehr viel Sinn.

Das Wort יהוה (JHWH oder aber auch YHWH) ist im hebräischen Bibeltext als Mein Eigenname wiedergeben. Am deutlichsten wird Mein Name im 2. Buch Mose 3, 13-17. Hier offenbarte Ich, Meinem Knecht Mose, Meinen Namen zunächst als:

אֶהְיֶה אֲשֶׁר אֶהְיֶה ehyeh asher ehyeh (zu Deutsch: Ich bin, der Ich bin!) und später als אֶהְיֶה ehyeh (Ich bin).

Mein Kind, auch für dich „bin Ich, der Ich bin und der Ich sein werde". Die Israeliten nennen Mich, weil ihnen die genaue Aussprache verloren gegangen ist: אֲדֹנָי Adonai, was so viel bedeutet wie der Ewige und der Allmächtige Herr. Manchmal wird auch einfach nur הַשֵּׁם HaSchem (der Name) eingesetzt.

In euren Bibelübersetzungen wurde יהוה entweder mit JHWH, JAHWE, JAHUWA, JEHOWA, der Ewige oder der Allmächtige oder HERR übersetzt. Angesprochen hat man Mich damals mit El, was Gott bedeutet, aber dies ist nicht Mein Name.

Mein Name erscheint in vielen Wörtern. In euren Liedern erscheint oft das Wort „Halleluja" oder besser „HalleluJAH". Hier siehst du die Kurzform יה JH. „Hallelu JAH" bedeutet so viel wie „Preise JAH". Genau wie dein Name wichtig und von Bedeutung ist, so ist Mir Mein Name wichtig. Du mein Kind, darfst und solltest Mich jedoch mit Vater, Papa oder Abba oder Avva (wie es im hebräischen ausgesprochen wird) ansprechen - Jesus hat dir in dem einen Gebet, das du das „Vater unser - Gebet" nennst, gezeigt, wie du Mich am besten ansprechen kannst und wie ein Gebet mit Mir aufgebaut sein sollte.

Mein Name wird umschrieben durch Erfahrungen, die Meine treuen Diener mit Mir hatten, deshalb kann man auch von vielen Namen sprechen. Diese Namen geben Meine Persönlichkeit oder Mein Wesen wieder, genau wie dein Namen etwas über dich aussagt.

Ich freue Mich über alle Meine Kinder.

Dein dich liebender
Abba יהוה

5.1 Die Namen Gottes

Die nachfolgende, nicht vollständige Tabelle zeigt verschiedene Namen oder Wesenszüge Gottes auf. Sie ist aus verschiedenen Quellen zusammengestellt. Unserem himmlischen Vater geht es nicht darum, dass wir die Namen benutzen, sondern Er möchte mit Seinen Namen aufzeigen, wer Er ist, wer Er war und wer Er sein wird. Gott verändert sich nie. Er ist der Ewige. Durch Seine Namen zeigt Er uns Seine Wesensart. Bei der Ehrung von Gottes Namen im 3. Gebot (2. Mose 20,2-17) geht es um viel mehr, als die korrekte Aussprache oder wie wir das Tetragramm (יהוה JHWH) aussprechen. Wir, die Gerecht gemacht wurden durch Jesus Christus, sollten, genau wie Gottes Volk zu dem wir uns durch Jesus Tod am Kreuz dazugehörig zählen dürfen, mit unserem gesamten Leben „Gottes Namen" ehren, d.h. Gott ehren, wie auch immer Er uns begegnen mag.

Name	Bedeutung	Bibelstelle
Elohim	Stärke oder Macht	
• *Elohim Kedem*	Gott des Anfangs	1.Mose 33,26
• *Elohim Mischpat*	Gott des Rechts	Jesaja 30, 18
• *Elohim Selichot*	Gott der Vergebung	Nehemia 9, 17
• *Elohim Mikarov*	Gott aus der Nähe	Jeremia 23,23
• *Elohim Marom*	Gott der Höhe	Micha 6,6
• *Elohim Mauzi*	Gott meiner Zuflucht	Psalm 43,2
• *Elohim Tehilati*	Gott meines Lobes	Psalm 109,1
• **Elohim Jischi**	Gott meines Heils	Psalm 18,47 Psalm 25,5
• *Elohim Kedoschim*	Heiliger Gott	3. Mose19,2 Josua 24,19
• *Elohim Chaijim*	lebendiger Gott	Jeremia 10,10
• *Elohay Elohim*	Gott der Götter	5. Mose 10,17
El	Kurzform von *Elohim*	
• *El HaNe'eman*	der treue Gott	5. Mose 7,9
• *El HaGadol*	der große Gott	5. Mose 10,17
• *El HaKadosch*	der Heilige Gott	Jesaja 5,16

• *El Jisrael*	der Gott Israels	Psalm 68,35
• *El HaSchamayim*	der Gott der Himmel	Psalm 136,26
• *El De'ot*	der Gott des Wissens	1. Samuel 2,3
• *El Emet*	der Gott der Wahrheit	Psalm 31,6
• *El Jeshuati*	der Gott meines Heils	Jesaja 12,2
• *El Eljon*	der höchste Gott	1. Mose 14,18
• *ImmanuEl*	Gott ist mit uns	Jesaja 7,14
• *El Olam*	der Gott der Ewigkeit	1. Mose 21,33
• *El Echad*	der eine Gott	Maleachi 2,10
Elah	Ähnlich wie *Elohim*	
• *Elah Jerusch'lem*	der Gott Jerusalems	Esra 7,19
• *Elah Jisrael*	der Gott Israels	Esra 5,1
• *Elah Sch'maja*	Gott des Himmels	Esra 7,23
• *Elah Sch'maya V'A-rah*	Gott des Himmels und der Erde	Esra 5,11
יהוה *JHWH (Jahwe)*	Ich bin	2. Mose 3,14-15
• *JHWH Elohim*	Jahwe Gott	1. Mose 2,4
• *JHWH M'kadesh*	JHWH, der heiligt	Hesekiel 37,28
• *JHWH Jireh*	JHWH sieht / wird ersehen	1. Mose 22,14
• *JHWH Nissi*	JHWH ist mein Banner	2. Mose 17,15
• *JHWH Schalom*	JHWH des Friedens	Richter 6,24
• *JHWH Tzidkajnu*	JHWH unsere Gerechtigkeit	Jeremia 33,16
• *JHWH O'sajnu*	JHWH der uns gemacht hat	Psalm 95,6
• *JHWH Ro'i*	JHWH der Hirte	Psalm 23
• *JHWH Tsevaot [Zebaoth]*	JHWH der Heerscharen	1. Samuel 1, 3 Jesaja 1, 24
• *JHWH Rophekha*	JHWH dein Arzt	2. Mose 15, 26

Tabelle 1: Gottes Namen und sein Wesen

5.2 Der Name Jeschua

Im Brief des Vaters in Kapitel 3, nennt Gott Seinen Sohn Jesus: *Jeschua* oder
JAHschua (JAH rettet). Jesus hat seinen Namen direkt von Gott empfangen.

**(Maria) wird aber einen Sohn gebären, und du sollst ihm den Namen Jesus
geben, denn er wird sein Volk erretten von ihren Sünden. (Matt 1, 21).**

Jesus, der Sohn Gottes, **…erniedrigte sich selbst und wurde gehorsam bis
zum Tod, ja bis zum Tod am Kreuz. Darum hat ihn Gott auch über alle
Maßen erhöht und ihm einen Namen verliehen, der über allen Namen ist,
damit in dem Namen Jesu sich alle Knie derer beugen, die im Himmel und
auf Erden und unter der Erde sind, und alle Zungen bekennen, dass Jesus
Christus der Herr ist, zur Ehre Gottes, des Vaters. (Phil 2, 8-11).**

Jesus bezeichnete sich selber als den <u>Menschensohn</u> oder den <u>Sohn der Men-
schen</u>. Jesus zeigt uns damit auf, dass er wie wir als Mensch geworden ist. Bei
seiner Taufe sah man den Heiligen Geist Gottes in Form einer Taube auf ihn
kommen. Er wurde mit der Dynamis Kraft des Geistes gefüllt. Geist erfüllt ging
Jesus in die Wüste um dort zu lernen mit dieser Kraft Gottes um zu gehen.

Jesus, der Menschensohn, zeigt auf, dass auch Jesus sich erniedrigen musste. Es
weist außerdem auch auf sein menschliches Leiden hin. Jesus ist als Mensch
geboren und aufgewachsen. In Markus 8, 31 lesen wir:

**Und (Jesus) fing an, sie zu lehren, der Sohn des Menschen müsse viel leiden
und von den Ältesten und den obersten Priestern und Schriftgelehrten ver-
worfen und getötet werden und nach drei Tagen wieder auferstehen.**

In Jesaja 7, 14 wird auf den kommenden *ImmanuEl* hingewiesen. Jesus ist dieser
kommende ImmanuEl, was so viel bedeutet wie „Gott ist mit uns". Wenn wir
Jesus als unser Retter und Heiland angenommen haben, nimmt der Heilige Geist
Gottes in uns Platz; er wohnt in uns, in unserem Tempel. Dies ist wichtig zu

begreifen, denn es zeigt uns, wie wichtig es uns und „unseren inneren Tempel"
rein und frei von Sünde zu halten.

Jesus trägt viele Titel. Er ist
- Unser Hohepriester
- Prophet
- König, Herrscher und Friedefürst
- Retter und Heiland
- Messias = Maschiah = Christus = der Gesalbte oder Auserwählte
- Richter und Rechtsanwalt
- das Lamm
- Löwe Judas
- Sohn Gottes
- Sohn Davids
- Knecht Gottes
- Nazarener
- Bräutigam
- der Spross
- Immanuel
- der Anfang und das Ende
- Alpha und Omega, Aleph Taw את
- der Lebendige
- der Eckstein
- Rabbi oder Lehrer, um nur einige auf zu zählen.

Jesus selbst beschreibt sich mit den **„Ich bin … Worten"**. Er sagt, er ist das Brot
des Lebens, das Licht der Welt, die Tür, der gute Hirte, die Auferstehung und
das Leben. (Siehe Tabelle2). Diese Worte aus dem Johannesevangelium be-
schreiben in starken Worten und klaren Symbolen die Heilsbedeutung Jesu. Mit
diesen Worten offenbart sich Jesus. Er benutzt zentrale Symbole wie „Brot",
„Licht", „Tür", „Hirte", „Weg", „Weinstock" und Urworte wie „Leben" und
„Wahrheit".

Ich bin …	Bedeutung	Bibel-stelle
das Brot des Lebens	Keinen Hunger leiden Keinen Durst leiden **„Das Brot aber, das ich geben werde, ist mein Fleisch, das ich geben werde für das Leben der Welt."**	Joh 6,35 Joh 6,51
das Licht der Welt	Jesus zeigt den Weg aus der Dunkelheit der Sünde, mit seinem Licht führt er zum ewigen Leben. **„Ich bin das Licht der Welt. Wer mir nachfolgt, wird nicht in der Finsternis wandeln, sondern er wird das Licht des Lebens haben."**	Joh 8,12
die Tür	**„Wenn jemand durch mich hineingeht, wird er gerettet werden und wird ein- und ausgehen und Weide finden."**	Joh 10,9
der gute Hirte	**„Der gute Hirte lässt sein Leben für die Schafe."** **Er kennt seine Schafe.**	Joh 10,11-14
die Auferste-hung und das Leben	Der Glaube an Jesus führt zu Gott, denn Jesus allein hat es geschafft auf zu erstehen von den Toten und jetzt zu leben. **„Wer an Jesus glaubt, wird leben, auch wenn er stirbt."**	Joh 11,25
der wahre Weinstock	Der Vater ist der Weingärtner. Wir sind die Reben. Wenn wir in Jesus bleiben, bringen wir viel Frucht.	Joh 15,1.5
der Weg, die Wahrheit und das Leben	Nur wenn wir Jesus Weg folgen, werden wir die Wahrheit entdecken in der wir das ewige Leben finden	Joh 14,6

Tabelle 2: Ich bin Worte Jesus

Bei Jesus Rückkehr am Ende der Zeit, wird er einen Namen tragen, den keiner kennt. Wir lesen:

Und ich sah den Himmel geöffnet, und siehe, ein weißes Pferd, und der darauf saß, heißt „Der Treue und der Wahrhaftige"; und in Gerechtigkeit richtet und kämpft er. Seine Augen aber sind wie eine Feuerflamme, und auf seinem Haupt sind viele Kronen, und er trägt einen Namen geschrieben, den niemand kennt als nur er selbst. Und er ist bekleidet mit einem Gewand, das in Blut getaucht ist, und sein Name heißt: „Das Wort Gottes"… Auf seinem Gewand und auf seinem Schenkel stand folgender Titel geschrieben: König der Könige und Herr der Herren. (Off 19, 11-13.16)

5.3 Vater Unser

Das „Vater unser" - Gebet lehrte Jesus seinen Jüngern und ist im Prinzip das Grundgebet der Christen. Es kann uns, genau wie damals den Jüngern, ein Leitfaden zum Gebet sein. Es steht im Matthäus Evangelium im 6. Kapitel.

Warum sollen wir überhaupt beten? Wir möchten Gott ehren und mit ihm reden. So wie ein Mensch sich einem anderen Menschen öffnet, wenn er mit ihm redet, so öffnet sich ein Mensch Gott, wenn er betet, d.h. mit ihm spricht.

Durch das Gebet haben wir Gemeinschaft mit Gott. Gemeinschaft bedeutet auch ein Zwiegespräch zu haben. Es geht also um reden und zuhören.

Wie ist ein Gebet aufgebaut?

Am Anfang des Gebets oder Gesprächs trete ich vor Gottes heiligen Thron und spreche den Vater an. Gott ist unser Vater. Dann preisen und loben wir Gott, den allmächtigen und ewigen HERRN. Unser Gott ist wundervoll, herrlich und gut. Wir möchten uns Ihm gerne unterordnen. Nach dem Lobpreis können wir unsere Bitten hervorbringen. Wir bitten unseren himmlischen Vater, dass Er unseren Tag, unser Werk, unser Tun lenken und leiten möge, dass Sein Wille geschehen möge. Wir möchten dem richtigen Weg folgen und dies kann nur geschehen, wenn wir uns dem <u>Willen Gottes</u> unterordnen. Es ist wichtig, demütig zu bleiben.

<u>Gott ist unser Versorger</u> und wird uns nicht nur mit Brot und Wasser stärken, sondern auch mit Seinem Wort und Seinem lebendigen Wasser. Gott weiß, was wir für unser tägliches Leben brauchen. Gott versorgt uns mit Nahrung, mit Wasser, mit Kleidung, mit Sonne (Wärme), mit Regen, mit Gesundheit und vielem mehr. Er versorgt uns aber auch mit dem Manna des Himmels, d.h. mit dem täglichen Wort für den Tag.

Es ist wichtig ihn regelmäßig um <u>Vergebung zu bitten</u>, aber nicht nur Ihn, sondern auch unsere Mitmenschen, denen wir Unrecht getan haben. Gott ist ein barmherziger Vater und wird uns, wenn wir Ihn (in Jesus Namen) darum bitten, helfen unseren Mitmenschen zu vergeben.

Alle Gläubige haben mit <u>Versuchungen</u> zu kämpfen. Manchmal merken wir diese nicht, weil sie so subtil sind, dass sie sich einfach in unser Leben einschleichen. Gott hat uns die Versuchungen nicht weggenommen. Er lässt sie sogar bewusst manche Verführung zu, damit wir im Glauben wachsen, d.h. Gott lässt zu, dass Satan uns angreifen kann. Jetzt heißt es Ausharren und Gott vollkommen zu vertrauen. Genau wie Hiob und Petrus müssen wir durch diese Test- und Prüfungsphasen gehen. Gott wird uns jedoch nie mehr zumuten als wir ertragen können (1. Kor 10,13). Wir dürfen Gott bitten, dass wir Versuchungen schneller erkennen. Auch dürfen wir Ihn um Kraft bitten, diese Versuchungen, zu überwinden und stattdessen auf Seinem Weg zu bleiben. Wir hoffen darauf, dass alles Übel, alles Böse und vor allem der Böse (Satan und sein Gefolge) vernichtet werden und dass Gott sein Himmelreich auf der neuen Erde errichtet (Off 21,1). Satan und seine Mächte sind am Kreuz von Golgatha durch den Opfertod Jesu besiegt worden. Jetzt, am Ende der Zeit, muss Satan endgültig weichen. Wir müssen uns mit Jesus Hilfe die Erde wieder zurückerobern, damit das Königreich Gottes (Matt 6, 33) auf der Erde errichtet werden kann.

Viele Menschen erfahren es als großes Geschenk, dass sie beten können. Anderen fällt es schwer zu beten, weil sie vom Gebet wenig erwarten.

Glauben heißt vertrauen in etwas was nicht sichtbar ist, sondern erst sichtbar wird. Im Gebet dürfen wir uns auf Jesus berufen und uns an ihn und an unseren himmlischen Vater in seinem Namen wenden. Jesus war gewiss, dass Gott ihn hört. Wenn wir beten, nehmen wir teil am Gottvertrauen Jesu Christi. Um Christi willen, hört Gott, der Vater unser Gebet, auch wenn unser Glaube klein und schwach ist. Gottes Wirken beginnt im Geistlichen und danach wird es auch im Natürlichen sichtbar.

Der letzte Vers des Vaterunsers ist nicht in allen Bibelübersetzungen enthalten. Er erinnert uns daran, dass wir auf das kommende Reich Gottes warten und hoffen. Hier ist tiefer Glaube erforderlich. Oft geschehen Taten erst in den geistlichen und unsichtbaren Bereichen bevor sie dann in den natürlichen und sichtbaren Bereichen erkennbar werden. Dies bedeutet, dass vielleicht erst ein Kampf mit den unsichtbaren Mächten stattfinden muss, bevor ich die Antwort real vor mir erkennen kann.

Unser Vater im Himmel!
Dein Name werde geheiligt.
Dein Reich komme.
Dein Wille geschehe,
wie im Himmel so auf Erden.
Unser tägliches Brot gib uns heute.
Und vergib uns unsere Schuld,
Wie auch wir vergeben unsern Schuldigern.
Und führe uns durch die Versuchung, (dies wäre die richtige Übersetzung)
Sondern erlöse uns von dem Bösen. (Übel)
[Denn dein ist das Reich und die Kraft
und die Herrlichkeit in Ewigkeit. Amen.]

5.4 Das hebräische Vater-Unser in Lautschrift

Avinu (Messianische Studien von Werner Stauder)	Unser Vater
Avinu scheba Schamajim,	Unser Vater, der Du bist im Himmel, *(in den Himmeln)*
yit'qadesch Schim'cha.	geheiligt werde Dein Name.
Tavo Mal'chutecha. Ye'ase r'tzon'cha,	Dein Reich komme. Dein Wille geschehe,
k'mo vaSchamayim ken haAretz.	wie im Himmel also auch auf Erden. *(wie in den Himmeln ...)*
Et lechem chuqenu ten-lanu haJom	Unser tägliches Brot gib uns heute. (… an diesem Tag)
us'lach-lanu et-chovoteinu	und vergib uns unsere Schuld,
ka'ascher salach'nu gam-anach'nu l'chayaveinu.	wie wir vergeben unseren Schuldigern.
V'al-tevi'enu lidei nisayon,	und führe uns **durch** die Versuchung/Drangsal *(und führe uns nicht in Versuchung,)*
ki im-chal'tzenu min-hara.	sondern erlöse uns von dem Bösen.
Ki l'cha haMam'lacha	Denn Dein ist das Reich.
v'haG'vura v'haTif'eret	und die Kraft und die Herrlichkeit
l'ol'mei olamim. Amen.	in Ewigkeit. Amen

Tabelle 3: Das Vaterunser in hebräischer Lautschrift

6. Gottes Liebe ist so wunderbar groß

Mein Kind,

Schalom, Mein Friede sei mit dir.

Du bist Mein Kind von Ewigkeit zu Ewigkeit. Ich habe dich geschaffen. Ich habe bestimmt, welche Aufgaben du übernehmen wirst und Ich werde dich in allem begleiten. Schließe dich dem Gefolge Jesu, Meines geliebten Sohnes, an. Er soll in allem dein Lehrer, dein Bruder, dein König und Herrscher, dein Hohepriester, dein Hirte und dein Vorreiter sein. Steig ein in seine Arche und lass ihn, ähnlich wie damals Noah, dein Retter, Kapitän und Beschützer sein.

Meine Liebe, welche größer ist als alle Vernunft, hält eure Gemeinschaft zusammen. Meine Liebe ist unendlich groß, tief, lang und breit, sie ist unendlich hoch – ja, nichts kann größer, tiefer, breiter, länger oder höher sein. Du erinnerst dich an das Lied: „Gottes Liebe ist so wunderbar" und auch an den Traum von heute Morgen? Welches Lied haben die Lehrerinnen mit den Kindern im Bus gesungen, als die Bremsen versagten und er rückwärts den Hang hinunterrollte? Richtig. Genau, dieses Lied: „Gottes Liebe ist so wunderbar!" In aller Not wussten die Lehrerinnen und die Kinder, dass Ich, in Meiner Liebe, sie nie vergessen oder im Stich lassen werde. Sie haben Mich in ihrer Not angerufen und Mich gepriesen, aber nicht nur das, sie haben Mich an Meine ewige Liebe erinnert und Ich habe eingegriffen. Ähnlich war es bei den Israeliten beim Auszug aus Ägypten, als sie am Roten Meer standen und die Gefahr des näherkommenden Pharaos und seinen Soldaten näher rückte. Mose begann Mich an zu beten und Ich schritt ein um das Meer zu teilen.

Dies werde Ich immer tun. Rufe Mich an in der Not (Ps 91, 15). Lobe Mich und danke Mir, preise Meinen Heiligen Namen, wie auch immer deine Situation aussehen mag. Ich bin für dich da. Vertraue fest auf Mich. Ich bin dein Vater und verlasse dich nicht. Ich habe dir Jesus gesandt. Er ist bei dir und kämpft den Kampf gemeinsam mit dir. Du vermagst alles durch Jesus, der dich stark macht (Phil 4, 13). Durch Christus hast du die Kraft alles, einschließlich Schwierigkeiten, aus zu halten. Er lebt in dir (Gal 2, 20). Er rüstet dich mit innerer Kraft aus, damit du durchhalten kannst, bis dir geholfen werden kann. Beuge deine Knie und bete Mich an. Halte Meine Gebote. Ich stärke deinen Geist und lasse Jesus in dir, in deinem Herzen bzw. Tempel, wohnen. Möge Meine Liebe in dir Wurzel schlagen.

Sei gegründet in der Liebe Jeschuas. Folge seinem Vorbild. Du gehörst durch Jesus wieder zu Meiner Familie. Lasse Meine Liebe in jeden Winkel deiner Existenz eindringen. Denke daran, Meine Liebe erstreckt sich über die ganze Bandbreite deiner eigenen Erfahrungen.

Meine Liebe ist lang. Sie währt ein ganzes Leben. Meine Liebe ist hoch. Sie begeistert dich bis den höchsten Gipfeln. Ja, Meine Liebe ist aber auch tief. Sie dringt vor bis in deine tiefste Entmutigung und Hoffnungslosigkeit, ja, sogar bis in deine Angst und Todesfurcht.

Ich liebe dich und bin bei dir alle Tage. Was immer auch geschehen mag und wo auch immer du sein magst, nichts und niemand kann dich von Meiner Liebe trennen (Römer 8, 35-40). Vertraue Mir in allem, was jetzt geschehen wird. Ich muss vieles zerstören, Ich muss vieles zu Fall bringen, Ich muss die Disteln und Dornen aus Meinem Weinberg herausreißen und verbrennen, doch sei gewiss, was immer geschehen mag, und wo immer du sein magst, <u>nichts</u>, auch nicht der Tod, kann dich von Meiner Liebe trennen. Du bist teuer erkauft durch das Blut Jesu. Nichts *vermag dich scheiden von Meiner Liebe, die in Jesus Christus gegründet ist. Ich bin bei dir alle Tage bis an der Welt Ende.*

In Liebe Dein Vater

6.1 Gott ist unser liebender Schöpfer und Vater

Gott kennt jeden von uns, auch die müden und kraftlosen Menschen. Er schenkt uns neue Kraft, Stärke und neuen Lebensmut.

Der ewige Gott, der Herr, der die Enden der Erde geschaffen hat, wird nicht müde noch matt; sein Verstand ist unerschöpflich! Er gibt dem Müden Kraft und Stärke genug dem Unvermögenden. Knaben werden müde und matt, und junge Männer straucheln und fallen; aber die auf den Herrn harren, kriegen neue Kraft, dass sie auffahren mit Flügeln wie Adler, dass sie laufen und nicht matt werden, dass sie wandeln und nicht müde werden. *(Jes 40, 28-31)*

Unser Vater liebt uns. Seine Liebe ist allumfassend. Sie reicht in jeden Winkel unsers Lebens. Nichts und niemand kann uns trennen von seiner wunderbaren Liebe.

Wir wissen aber, dass denen, die Gott lieben, alle Dinge zum Besten dienen, denen, die nach dem Vorsatz berufen sind. Denn die er zuvor ersehen hat, die hat er auch vorherbestimmt, dem Ebenbild seines Sohnes gleichgestaltet zu werden, damit er der Erstgeborene sei unter vielen Brüdern. Die er aber vorherbestimmt hat, die hat er auch berufen, die er aber berufen hat, die hat er auch gerechtfertigt, die er aber gerechtfertigt hat, die hat er auch verherrlicht. Was wollen wir nun hierzu sagen? Ist Gott für uns, wer kann gegen uns sein? Er, der sogar seinen eigenen Sohn nicht verschont hat, sondern ihn für uns alle dahingegeben hat, wie sollte er uns mit ihm nicht auch alles schenken? Wer will gegen die Auserwählten Gottes Anklage erheben? Gott [ist es doch], der rechtfertigt! Wer will verurteilen? Christus [ist es doch], der gestorben ist, ja mehr noch, der auch auferweckt ist, der auch zur Rechten Gottes ist, der auch für uns eintritt! Wer will uns scheiden von der Liebe des Christus? Drangsal oder Angst oder Verfolgung oder Hunger oder Blöße oder Gefahr oder Schwert? Wie geschrieben steht: „Um deinetwillen werden wir getötet den ganzen Tag; wie Schlachtschafe sind wir geachtet!" Aber in dem allem überwinden wir weit durch den, der uns geliebt

hat. Denn ich bin gewiss, dass weder Tod noch Leben, weder Engel noch Fürstentümer noch Gewalten, weder gegenwärtiges noch Zukünftiges, weder Hohes noch Tiefes, noch irgend ein anderes Geschöpf uns zu scheiden vermag von der Liebe Gottes, die in Christus Jesus ist, unserem Herrn. (Römer 8, 28-38)

6.2 Was hält uns von der Vaterliebe fern?

Es gibt drei Arten von Menschen: den natürlichen, den fleischlichen und den geistlichen Menschen.

6.2.1 Der natürliche Mensch

Der natürliche Mensch aber vernimmt nichts vom Geist Gottes; es ist ihm eine Torheit und er kann es nicht erkennen; denn es muss geistlich beurteilt werden. (1. Kor 2, 14)

Der natürliche Mensch ist seelisch bestimmt. Er hat keine Beziehung zu Gott und der Heilige ist ihm fremd. Er lebt nach dem Motto: Ich bin ein guter Mensch. Ich tue Gutes. Der natürliche Mensch ist kultiviert und möchte nichts von Gott wissen, denn er sieht es als töricht an, Gott zu vertrauen. Er hat kein Interesse für geistliche Dinge und Wahrheiten. Nur die Liebe Gottes kann ihn schließlich überführen und zur Gotteserkennung kommen lassen.

6.2.2 Der fleischliche Mensch

Der fleischliche oder der Verstandes-Christ wird in 1. Korinther 3, 1-4 beschrieben.

Und ich, liebe Brüder, konnte nicht zu euch reden wie zu geistlichen Menschen, sondern wie zu fleischlichen, wie zu unmündigen Kindern in Christus. Milch habe ich euch zu trinken gegeben und nicht feste Speise; denn ihr konntet sie noch nicht vertragen. Auch jetzt könnt ihr's noch nicht, weil ihr noch fleischlich seid. Denn wenn Eifersucht und Zank unter euch sind, seid ihr da nicht fleischlich und lebt nach Menschenweise? Denn wenn der eine

sagt: Ich gehöre zu Paulus, der andere aber: Ich zu Apollos -, ist das nicht nach Menschenweise geredet?

Der fleischliche Mensch ist, wie der Name schon sagt, vom <u>Fleisch</u> beherrscht. Er ist zwar wiedergeboren, d.h., er hat sein Leben Jesus übergeben, doch er lässt es nicht zu, dass der Heilige Geist sein Leben bestimmt und führt. Er ist ein Kind Gottes, doch gehorcht er seinem himmlischen Vater nicht. Bei ihm gilt die Regel, „ich setze meine eigene Kraft und Energie ein und Gott wird mir dann, wenn ich nicht mehr kann oder weiter weiß, weiterhelfen". Der <u>fleischliche Mensch</u> arbeitet <u>mit seinem Verstand</u> und <u>seiner Logik</u>. Er erlebt häufig Niederlagen und sein Glaube scheint nicht zu wachsen. Die Gebetszeit, das Lesen in Gottes Wort, die Zeit für Gemeinschaft mit anderen Christen kommt meist zu kurz. Der Mensch lebt in zwei Lagern – zusammen mit gläubigen Nachfolgern Jesu auf der einen Seite und zusammen mit Nicht-Christen auf der anderen Seite. So wird der fleischliche Mensch oft zwischen Glauben, Unglauben und Aberglauben hin und her gezogen.

6.2.3 Der geistliche Mensch

Der geistliche Christ führt ein Leben im Geist. Er wird wie folgt beschrieben:

Der geistliche Mensch aber beurteilt alles und wird doch selber von niemandem beurteilt. Denn wer hat des Herrn Sinn erkannt, oder wer will ihn unterweisen? Wir aber haben Christi Sinn. (1. Kor 2,15-16)

Der <u>geistliche Mensch</u> ist der <u>reife Christ</u>, der gelernt hat, so <u>zu denken wie Jesus</u>. Paulus sagt, dass ein geistlicher Mensch gelernt hat, Gottes Gedanken zu denken. Der Mensch hat gelernt zu fragen: „Was denkt Gott darüber?" Ja, er würde sogar so weit gehen, in allem nur das zu tun, was er den Vater tun sieht. Jesus selbst tat nichts anderes. Wir lesen im Johannesevangelium:

Da antwortete Jesus und sprach zu ihnen: Wahrlich, wahrlich, ich sage euch: Der Sohn kann nichts von sich selbst aus tun, sondern nur, was er den Vater tun sieht; denn was dieser tut, das tut gleicherweise auch der Sohn. (Joh 5, 19)

Der <u>geistliche Christ</u> ist <u>erfüllt vom Heiligen Geist.</u> Gottes Geist formt und bestimmt das Denken und Handeln. Er lebt in Gemeinschaft mit Gott. Er spürt Jesus und Vaters Liebe. Er fühlt den Trost vom Heiligen Geist. Sein Glaubensleben wächst. Er lebt in der Vollmacht und Autorität Gottes. Sein Leben bringt Frucht. Der geistliche Christ erfreut sich an Gottes Gnade und Liebe. Sein Leben ist gefüllt mit Freude, Liebe und Frieden. Trotz Anfechtungen erlebt er auch Siege. Er erlebt Wunder und ungewöhnliche Dinge.

6.3 Gottes Wunsch

Unser Vater im Himmel, möchte, dass wir Ihn erkennen. Er ist Liebe und möchte, dass wir Ihm voll und ganz vertrauen. <u>Liebe und Vertrauen</u> gehen Hand in Hand. Jesus gab sein Leben für uns hin, weil er der Liebe seines Vaters voll und ganz vertraute. Immer wieder schaute er auf zum Vater und fragte ihn nach Anweisungen. Er tat nur das was er seinen Vater tun sah (Joh 5,19). Jesus heilte am Sabbat nur einen Kranken beim Teich Bethesda (Joh 5,1-16). Er hätte auch andere heilen können, aber er hielt sich an Gottes Anweisungen.

Gott möchte, dass wir geistliche Menschen werden, die lernen so zu denken wie Jesus. Er möchte, dass auch wir Seiner unendlichen Liebe vertrauen, und bittet uns fest in Jesus gegründet zu sein. Wir sollen unseren Glauben auf Jesus bauen.

7. Baue deinen Glauben auf Jesus

Mein Kind,

Ich liebe alle Meine Kinder, doch bald kommt eine Zeit, wo du vielleicht ins Zweifeln kommen könntest, denn es wird eine Zeit des Kampfes, der Not, des Weinens und Jammerns auf dich zu kommen. Die Zeit der Trübsal und Drangsal ist nahe. Es kann auch sein, wenn du dieses Buch liest, dass du mitten in dieser Zeit der Bedrängnis steckst. Ich aber sage dir, glaub an Mich. Ich bin dein ewiger Vater und lasse dich nicht im Stich. Meine Liebe zu dir ist unendlich groß. Vertraue Mir, Ich bin bei dir allezeit.

Du wirst viel Leid sehen, du wirst viel Leid erleben, du und deine Glaubensgeschwister müsst euch gemeinsam mit Jeschua und Meiner Hilfe eure Erde wieder von Satan zurückerobern. Der Preis ist schon vor 2000 Jahren durch Jesu schuldlosen Tod am Kreuz bezahlt worden, doch nun müsst ihr eure Erde endlich wieder in eure Macht nehmen, damit das Königreich des Himmels auf eure Erde kommen kann. Eine gründliche Reinigung und Dekontamination muss stattfinden.

Satan und sein Gefolge wird für 1000 Jahre eingesperrt werden. Eure Erde wird sich dank der weisen Herrschaft Jesu schnell wieder erholen. Die Erde wird neu aufgebaut werden. Viel Arbeit wird vor euch liegen, aber Mein Friede wird über euch sein. Jesus wird sein Friedensreich aufbauen und du darfst ein Teil davon sein. Jede helfende Hand wird gebraucht werden. Eure Technik wird sich schnell weiterentwickeln. Gerade die jungen Menschen, werden sehr viel zu tun haben und die älteren unter euch werden mit Rat und Tat zur Seite stehen.

Mein Kind, freue dich, dein König kommt zu dir und wird dir zur Seite stehen. Jesus hilft dir, gemeinsam mit ihm, das ewige Königreich auf

Erden zu gründen. Er ist der Friedefürst. Er ist der Nachfolger König Davids. Jesus wird gemeinsam mit dir und seinen anderen Nachfolgern auf Erden regieren.

Mein Kind, folge Jesus nach. Sei auf diesem Felsen gegründet. Er ist der Eckstein. Er ist das Fundament und er ist der Schlussstein. Jesus / Jeschua baut sein Reich auf. Hilf ihm das Himmelreich auf Erden zu gestalten.

Geliebtes Kind, lass nicht ab Jesus in allem nach zu eifern. Er hat den Weg zu Mir geschafft und er hat ihn für euch geebnet. Jeschua ist dein Vorbild und dein Versöhner.

Bleib unter Meinem Schirm (Ps 91,1),

In Liebe dein Vater

Abbildung 4: Jeschua in hebräischer Schrift

7.1 Jesus unser Vorbild und Versöhner

Unser Vater im Himmel möchte, dass wir unseren Glauben auf Jesus gründen, denn Jesus ist unser Vorbild und unser Versöhner. Jesus ist der Erstgeborene und er

… ist seit seiner Himmelfahrt zur Rechten Gottes; und Engel und Gewalten und Mächte sind ihm unterworfen. *(1. Petrus 3,22)*

Nachdem Gott vielfältig und auf vielerlei Weise ehemals zu den Vätern geredet hat in den (durch die) Propheten, hat Er am Ende dieser Tage zu uns geredet im Sohn (d. h. in der Person des Sohnes), den Er zum Erben aller Dinge eingesetzt hat, durch den Er auch die Welten gemacht hat; er (Jesus), der Ausstrahlung seiner Herrlichkeit und Abdruck Seines Wesens ist und alle Dinge durch das Wort seiner (eigenen) Macht trägt, hat sich, nachdem er die Reinigung von den Sünden bewirkt hat, zur Rechten der Majestät in der Höhe gesetzt; und er ist um so viel erhabener geworden als die Engel, wie er einen vorzüglicheren Namen vor ihnen ererbt hat. *(Hebräer 1,1-4)*

Elohim (Gott) hat Jesus zum Erben über alles eingesetzt. Durch Jesus hat Gott auch die die Welten oder Äonen geschaffen. Jesus war also schon immer da, vor aller Welt. Durch ihn hat Gott die Welt gemacht. Und wenn wir die Schöpfung in ihrer Vielfalt und Schönheit betrachten, sehen wir Jesus. Er ist auch der Erbe über alles. Seinetwillen besteht alles, für ihn ist alles geschaffen. Jesus sagte:

Und wer mich sieht, der sieht den, der mich gesandt hat. (Joh 12,45)

Christus ist das Bild des unsichtbaren Gottes. Er war bereits da, noch bevor Gott irgendetwas erschuf, und ist der Erste aller Schöpfung. Durch ihn hat Gott alles erschaffen, was im Himmel und auf der Erde ist. Er machte alles, was wir sehen, und das, was wir nicht sehen können, ob Könige, Reiche, Herrscher oder Gewalten. Alles ist durch ihn und für ihn erschaffen. Er war da, noch bevor alles andere begann, und er hält die ganze Schöpfung zusammen. (Kol 1, 15-17; NL)

7.2 Jesus ist der Anfang und das Ende

In vier verschiedenen Versen der Offenbarung behauptet der Apostel Johannes, dass Jesus, der Messias, das Alpha und das Omega, der Anfang und das Ende sei (Off 1,8; 1,11; 2,8; 21,6). Das Alpha und das Omega sind der erste und der letzte Buchstabe im griechischen Alphabet. Also hätte Johannes im Aramäischen (der damaligen Sprache) oder im Hebräischen gesagt, dass Jesus das Aleph א und das Taw ת ist. Was kann das bedeuten? Im Hebräischen heißt der erste Vers der Bibel: 1. Mose 1,1 „**schuf Elohim** את **die Himmel** ואת **die Erde.**"

William H. Sanford hat in seinem Buch „The Messianic Aleph Tav Interlinear Scriptures (MATIS), Vol.1" einiges zu seinen Erkenntnissen zu dem Thema AlephTav beschrieben und erklärt.

„Ich bin das Aleph und das Tav, der Erste und der Letzte, der Anfang und das Ende." (Off 22, 13) lassen darauf schließen, dass Jesus schon bei der Schöpfung dabei war.

Diese geheimnisvollen Worte Jeschuas, er sei das Aleph und das Tav, zeigen mehr auf, als man beim schnellen Lesen erwartet. Die Buchstaben helfen uns den Messias im Alten Testament zu entdecken. Die Heilige Schrift dreht sich um dieses symbolträchtige Zeichen Alpha את, das in unseren Bibelübersetzungen vollständig ignoriert bzw. von den Gelehrten meist nur als direkter Objektmarker abgetan wird. William H. Sanford geht jedoch davon aus, dass es ein besonderer Hinweis (Fingerzeig) Gottes ist. Er zeigt nach langen Forschungen in seiner Messianische Aleph Tav Studienbibel (bisher nur im Englischen erschienen), dass der Apostel Johannes eine große Erkenntnis über das AlephTav im Alten Testament hatte. Sanford geht davon aus, dass Johannes uns schon damals mitteilen wollte, dass Jesus bei der Schöpfung aktiv mitgewirkt hat. Gott d.h. אלהים Elohim und את Jesus die Himmel und die Erde schufen (1. Mose 1,1).

הארץ	ואת	השמים	את אלהים	ברא	בראשית
ha-aretz	*we-et*	*hasch-schamajim*	*et* *Elohim*	*bara*	*Be-re'schit*
die Erde.	und __	die Himmel	__ Gott	schuf	Im Anfang

Johannes betont diesen Fakt auch in der Einleitung seines Evangeliums:

Im Anfang war das Wort, und das Wort war bei Gott, und das Wort war Gott. (Joh 1, 1)

Mit dem Wort bezieht er sich auf das את. Das Wort (griech. Logos = Rede, Grund, Gedanke) wird hier für Jesus Christus Namen benutzt. (vgl. 1. Johannes 1, 1; Offenbarung 19, 13).

Das את taucht immer wieder in der Bibel auf und scheint auch im Alten Testament auf Jesus hin zu weisen.

Es wirkt auch wie ein **Siegel**. So gibt es die את **-zehn Gebote**, den את **-Sinai Bund** u.v.m. Es geht aber auch so weit, dass z.B. vor Männer und Frauen, die von Gott berufen wurden, ein את vor dem Namen erscheint, sowie sie berufen waren. Beispiel: Als Josef יוסף zum Regenten des Landes ernannt wurde, erscheint plötzlich das את Zeichen vor seinem Namen (אתיוסף). Er bekam von Gott also den **AlephTav-Siegel**. Dies geschieht auch bei Mose. Er wird nach seiner Berufung AlephTavMose. (Mehr dazu kann man in der messianischen Bibelübersetzung von William H. Sanford lesen.)

Zusammenfassend möchte ich festhalten, dass Jesus schon im Anfang die Himmel und die Erde mitgeschaffen hat. Er war immer da und Gott, der Vater, hat seinem gehorsamen, erstgeborenen Sohn zu seiner Rechten gesetzt. Jesus sitzt aber nicht nur passiv im Himmel. Nein, er sagte auch:

Ich bin bei euch alle Tage (Matt 28, 20) und
Ich will meine Gemeinde bauen. (Matt 16, 18)

Gott Vater, Jesus Christus und der Heilige Geist sind nicht an Zeit und Raum gebunden, sie sind allgegenwärtig.

Ein weiterer interessanter Fakt ist, dass das Aleph א im Paleo-hebräischen wie folgt geschrieben wird: ≮ Dieses Zeichen stellt einen Kopf eines Ochsen dar.

Es steht aber auch für einen starker Leiter (oder das Alpha-tier). Das Taw ת hingegen ist ein ✗ und dies bedeutet ein Kreuz.

Zusammenfassend können wir festhalten, dass das את somit auf den Leiter oder Herrscher am Kreuz hinweist und somit auch auf Jesus, unserem Messias und unseren König, der am Kreuz für uns starb.

7.3 Der Gemeindebau

Der Gemeindebau Jesus wird mit einem Hausbau verglichen.

Denn jedes Haus hat einen, der es baut, aber Gott ist der, der alles geschaffen hat. Mose war ein treuer Diener im Haus Gottes, und sein Beispiel bezeugte alles, was später von Gott offenbart werden sollte. Christus dagegen, der Sohn, wurde über das ganze Haus Gottes gesetzt. Gottes Haus sind wir, wenn wir zuversichtlich bleiben und an unserer Hoffnung auf Christus festhalten. (Heb 3, 4-6; NL)

Nachdem der erste Spatenstich getan wurde (Jesus Erlösungsweg für uns), steht einem Gemeindebau nichts mehr im Weg. Wir beginnen mit ausheben des Fundamentes und dem Setzen des Ecksteines.

7.4 Der Eckstein

Der Eckstein ist gerade in Natursteinmauern der tragende Stein. Es ist der sogenannte Grundstein. Er wird als erster gesetzt. Oft wird die Grundlegung des Ecksteines besonders gefeiert. Der Eckstein ist der Hauptträger des ganzen Gebäudes. In der Regel wird ein besonders starker und großer Stein benutzt. An diesen Stein reiht man dann das Fundament bzw. die ganze Grundlage. Wir können auch sagen, dass die damaligen Apostel sich an diesen Eckstein anreihten.

Der Eckstein gibt die Linienrichtung eines Baus vor.

Darum steht auch in der Schrift: „Siehe, ich lege in Zion einen auserwählten, kostbaren Eckstein, und wer an ihn glaubt, soll nicht zuschanden werden. (1. Petrus 2, 6)

So seid ihr nun nicht mehr Fremdlinge ohne Bürgerrecht und Gäste, sondern Mitbürger der Heiligen und Gottes Hausgenossen (oder Familienhörige)**, auf erbaut auf der Grundlage der Apostel und Propheten, während Jesus Christus selbst der Eckstein ist, in dem der ganze Bau, zusammengefügt, wächst zu einem heiligen Tempel im Herrn, in dem auch ihr miterbaut werdet zu einer Wohnung Gottes im Geist. (Eph 2, 19-22)**

7.5 Das Fundament

7.5.1 Auf Fels gebaut sein

Ein Hausbau beginnt mit der <u>Gründung</u>, d.h. mit dem Fundament. Diese Gründung hat zu allererst die Aufgabe, die Lasten des Hauses aufzunehmen und in den Untergrund zu leiten. Dabei sollte der Untergrund nicht nachgeben. Ein Haus, welches auf Sand gebaut wird, kann sehr leicht seinen Halt verlieren. Am besten ist es, wenn ein Wohnhaus fest mit dem Erdreich verbunden ist oder auf Fels gebaut wird. Jesus, der Sohn Gottes, ist <u>unser Fels</u>.

Die Apostel des Neuen Testamentes bauten ihre Gemeinde auf Christus als ihren Felsen. Hierbei half ihnen der Heilige Geist (1. Kor 3).

Simon Petrus, einer der Apostel Jesu, wird von Jesus als der Fels der Gemeinde bezeichnet. Petrus Glauben war fest auf Jesus gegründet und Jesus konnte ihn für den Gemeindebau einsetzen. Jesus sagte;

Du bist Petrus, und auf diesen Felsen will ich meine Gemeinde bauen. (Matt 16, 18)

So wie Petrus fest im Glauben in und an Jesus gefestigt war, sollen auch wir gefestigt sein. Wenn wir Jesus als Vorbild sehen, können wir ein solides Haus bauen.

...sie tranken aus einem geistlichen Felsen, der ihnen folgte. Der Fels aber war Christus. (1. Kor 10, 4)

Ein jeder nun, der diese meine Worte hört und sie tut, den will ich mit einem klugen Mann vergleichen, der sein Haus auf den Felsen baute. (Matt 7, 24) Als nun der Platzregen fiel und die Wasserströme kamen und die Winde stürmten und an dieses Haus stießen, fiel es nicht; denn es war auf den Felsen gegründet. (Matt 7, 25)

Er ist einem Menschen gleich, der ein Haus baute und dazu tief grub und den Grund auf den Felsen legte. Als nun eine Überschwemmung entstand, da brandete der Strom gegen dieses Haus, und er konnte es nicht erschüttern, weil es auf den Felsen gegründet war. (Luk 6, 48)

Er ist mein Fels, und kein Unrecht ist an ihm! (Ps 92, 15)

7.5.2 Die Heilige Schrift als Grundlage

Das **Wort**, die **Heilige Schrift** (Altes und Neues Testament einschließlich der zehn Gebote) bildet neben Jesus, der auch als das Wort bekannt ist, den anderen Teil des Fundamentes. In der Heiligen Schrift finden wir die <u>Grundlagen</u> für unseren Glauben. Unsere Kirchenväter haben die wichtigsten Schriften in einem Kanon zusammengefasst. Nicht alle Schriften sind in diesem Kanon aufgenommen worden. In meiner alten Lutherbibel von 1973 befinden sich z.B. auch einige der apokryphen Schriften, wie das Buch der Weisheiten von König Salomon, oder das Buch Judith.

Es gibt aber noch weitere <u>Apokryphen</u>. Zu diesen Schriften gehören u.v.a wie das Buch der Jubiläen (der sog. kleinen Genesis), die sechs Bücher Esras, und das Buch Henoch. Henoch war immer sehr nah mit Gott unterwegs und wurde vor seinem Tod von der Erde weggenommen, d.h. entrückt (1.Mose 5, 18–24). Henoch war der älteste Sohn des Jered und damit ein Nachkomme des Set und der Urgroßvaters Noahs. Er sagte u.a. die Sintflut voraus. Seine Schriften beinhalten auch viele Erkenntnisse und Weisheiten zur Endzeit in der wir uns heute befinden. Ich habe inzwischen den Henoch Kalender als sehr wichtig für diese Zeit erkannt. Einen Kalender wird bald auf der Website (www.glaubensbotschaft.de) als pdf zum Downloaden erscheinen.

Viele Schriften waren Jahre lang in den Qumram Höhlen versteckt gehalten. Diese wurden erst 1947 von einem Beduinenjungen entdeckt. Es wurden hebräische, aramäische und griechische Texte gefunden, die aus der Zeit des 2. Jh. v.Chr. bis ca. 68 n.Chr. stammen. Einige Texte sind möglicherweise noch älter. Die gefundenen Schriftrollen und Texte haben wesentlich zu neuen wissenschaftlichen Erkenntnissen geführt.

7.6 Der Schlussstein

Als Schlussstein (auch Giebel- oder Scheitelstein genannt) wird der Keilstein am höchsten Punkt (Scheitel) eines Bogens oder der abschließende Stein im Hauptknotenpunkt eines Rippengewölbes bezeichnet. Im Gewölbebau spielt der Schlussstein eine entscheidende Rolle. Erst wenn der Schlussstein eingesetzt ist, wird die Konstruktion selbsttragend, und das Baugerüst kann entfernt werden. Die Bedeutung des Schlusssteins wird in dem folgenden Bibelwort deutlich:

Und er wird den Schlussstein hervorbringen unter lautem Zuruf: Gnade, Gnade mit ihm! (Sacharja 4, 7)

In Sacharja wird Jesus, der Spross Davids, nicht nur als der Hohepriester und König Israels in einer Person beschrieben, sondern auch als der Erbauer des Tempels.

So spricht JHWH, der allmächtige Gott: Es wird ein Mann kommen, der Spross heißt, denn wo er steht, wird es sprossen (wachsen, sprießen). **Er wird**

den Tempel Jahwes bauen. Ja, er wird ihn wieder aufbauen. Er wird königlichen Schmuck tragen, auf seinem Thron sitzen und herrschen, aber zugleich wird er auch Priester sein. Und auf dem Thron wird ein friedliches Einvernehmen bestehen. (Sacharja 6, 12-13, NeÜ)

Jesus ist also:
1. der Eckstein
2. das Fundament (der Felsen)
3. und der Schlussstein.

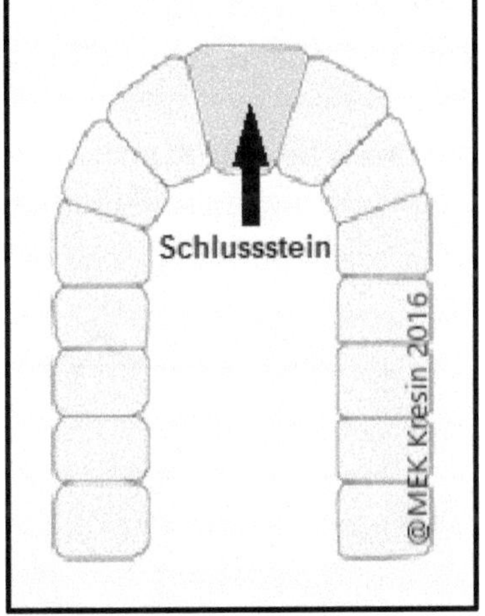

Abbildung 5: Der Schlussstein

Die Grundlage hierzu war die Erlösung am Kreuz auf Golgatha. Jesus hat als Hohepriester sein eigenes Blut als Opfer in den Tempel getragen. (Hebräer 9). Jesus ist aber auch der Hohepriester nach der Ordnung Melchisedeks, d.h. er ist Priester auf Ewigkeit. Am Ende der Zeiten wird Jesus als königlicher Richter wieder auf die Erde kommen. Dann wird sein Tempel vollendet werden und er wird als Hohepriester und als König regieren. In Sacharja 4 wird das ausstehende Königreich Jesu schon in dem Bild mit dem Schlussstein zum Ausdruck gebracht.

7.7 Die Steine

Ein Haus wird mit Steinen gebaut. Damals wurde jeder einzelne Stein genau gehauen und dann wurde ein Stein neben den nächsten Stein gesetzt. Oft musste genau getüftelt werden, um den passenden Stein an die richtige Stelle zu setzen.

In der Gemeinde sind alle Nachfolger Christi, also auch die messianischen Juden, Steine im Haus (Volk) Jesu. Einige Steine müssen stärker bearbeitet werden als andere, aber jeder Stein wird für den Bau benötigt.

So lasst auch ihr euch nun als lebendige Steine aufbauen, als ein geistliches Haus, als ein heiliges Priestertum, um geistliche Opfer darzubringen, die Gott wohlgefällig sind durch Jesus Christus. (1. Petrus 2, 5)

Das **„Haus Gottes, welches die Gemeinde des lebendigen Gottes ist"** (1. Tim 3, 15) wird mit den verschiedenen Gläubigen, jeder mit seiner besonderen Aufgabe, gebaut.

8. Das richtige Fundament

Mein Kind!

In dem heutigen Brief geht es darum, das Fundament genauer zu untersuchen.

Jesus hat in seinen Predigten und Lehren immer wieder betont und vorgelebt, wie du dich verhalten sollst. Es ist weise danach zu handeln, denn dann handelst du wie jemand, der sein Haus auf massiven Fels baut. Dann wird das Haus nicht einstürzen, auch wenn der Regen in Sturzbächen vom Himmel rauscht, das Wasser über die Ufer tritt und die Stürme an diesem Haus rütteln (1. Kor 3, 11).

Jesus gab dir viele Gleichnisse und Geschichten, damit du in Weisheit erkennen kannst, welchen Weg du einschlagen sollst.

Dein Leben in der Nachfolge Jesus ist nicht immer einfach, denn Ich führe dich immer wieder <u>durch kleine und größere Prüfungen und Versuchungen</u> hindurch um zu sehen, ob du wirklich bereit bist standhaft auf Meinem Weg zu bleiben, d.h. Ich möchte prüfen, ob du Meinen Willen befolgst oder ob du doch deinen Willen durchsetzen wirst. Jesus fragte Mich immer wieder nach <u>Meinem Willen</u> und tat nur das, was er Mich tun sah.

Auch du solltest Mich um Rat bitten und <u>nur das tun, was Ich dir zeige.</u> Ich werde dir immer zur Seite stehen, wenn du Meinem Willen befolgst. Ich weiß, was für dich gut ist und werde dich nicht unnötig in Gefahr bringen. Du stehst unter Meinem Schutz (Ps 32, 7). Ich bin dein Schirm und dein Schild. Ich bin deine Zuflucht und deine Burg. Ich werde dich mit Meinen Fittichen (Ps 91) decken und unter Meinen Flügeln wirst du dich bergen.

Jesus ist gerecht und er ist der Fels auf den du dein Leben aufbauen solltest. Du wirst kein Unrecht an ihm finden. Freue dich an ihm und sei fröhlich, denn durch Jeschua bist auch du gerecht gemacht. Jubel und freue dich, wenn du aufrichtigen Herzens bist (Ps 32, 11).

Du bist Mein Kind. Du wirst Jesus gleichgestaltet sein, wenn er offenbar werden wird, denn dann wirst du ihn sehen, wie er ist (1. Joh 3, 2).

Mein Kind, lass dich von Mir und Meinem Heiligen Geist verändern. In Meiner Gnade lasse Ich dir Zeit, dich zu verändern. Ich bitte dich: <u>Halte Meine Gebote</u> und <u>befolge Meine Ratschläge</u>.

Stehe fest auf dem richtigen Fundament. Denn niemand kann ein anderes Fundament legen als das, das schon gelegt ist. Baue auf Jesus Christus und Meinem Heiligen Wort. So wirst du Gold, Silber, Edelsteine, Holz, Heu oder Stroh zum Hausbau verwenden, doch tue dies weise und wähle das richtige Material. Am Tag des Gerichts wird sich die Arbeit jedes Einzelnen im Feuer bewähren müssen. Das Feuer wird zeigen, von welcher Qualität das Bauwerk ist (Matt 7, 24-27).

Lass dich in das Bild Jeschuas verändern.

In Liebe Dein
Papa JHWH

8.1 Wie sieht das richtige Fundament aus?

Wie ihr im Brief des Vaters gelesen habt, sollte das richtige Fundament auf Jesus Christus, dem Sohn Gottes, und dem Wort gegründet sein. Unsere Aufgabe ist Jeschua immer ähnlicher anhand der Schrift zu werden. Jeschua fasste sein und unser Wesen, wie es sein sollte, in der Bergpredigt im Matthäus Evangelium zusammen. (Matt 5, 3-11, NeÜ)

- **Wie glücklich sind die, die begreifen, wie arm sie vor Gott sind, denn sie gehören dem Himmelreich an!**
- **Wie glücklich sind die, die Leid über Sünde tragen, denn Gott wird sie trösten!**
- **Wie glücklich sind die, die sich nicht selbst durchsetzen! Sie werden das Land besitzen.**
- **Wie glücklich sind die, die nach Gerechtigkeit hungern und dürsten! Gott macht sie satt.**
- **Wie glücklich sind die Barmherzigen! Ihnen wird Gott seine Zuwendung schenken.**
- **Wie glücklich sind die, die ein reines Herz haben! Sie werden Gott sehen.**
- **Wie glücklich sind die, von denen Frieden ausgeht! Sie werden Kinder Gottes genannt.**
- **Wie glücklich sind die, die man verfolgt, weil sie Gottes Willen tun, denn sie gehören dem Himmelreich an!**
- **Wie beneidenswert glücklich seid ihr, wenn sie euch beschimpfen, verfolgen und verleumden, weil ihr zu mir gehört.**

1) Baue auf Jesus und halte dich an sein Vorbild und werde ihm immer ähnlicher. Er ist Gottes Sohn und ihm sollen wir, seine Geschwister, in allem nachahmen.
- Bleibe <u>demütig</u> und bleibe in seiner Abhängigkeit.
- Bleibe <u>sanftmütig</u>. Lästere über niemanden, vermeide Streit, sei gütig. (Titus 3, 2).

- <u>Lebt in Liebe untereinander</u>, denn Jesus gab uns ein neues Gebot: **Ein neues Gebot gebe ich euch, dass ihr einander lieben sollt, damit, wie ich euch geliebt habe, auch ihr einander liebt. (Johannes 13,24)** Es sind Abschiedsworte. Jesus erwartet, dass die Jünger, also auch wir begreifen, dass über allem die Liebe steht. Wir sollen seine Liebe zu uns entdecken, bewahren und weitergeben, da wir eine große Familie der Gläubigen sind. Wir sind alle gemeinsam Gottes wahre und geliebte Kinder. Baue auf den Namen Jesus. Er ist unser Retter und Erlöser.
- Entwickle Jesu Charakter. Werde ihm immer ähnlicher.
- Erweitere deine Zelte (Jesaja 54,2). Sei gastfreundschaftlich.
- Deine Kinder werden von Gott gelehrt werden und der Friede deiner Kinder wird groß sein. (Jesaja 54,13)
- Lege das Fundament. Lies in dem Wort und höre auf Gottes Stimme. Gott wird den Rest tun

2) Wir wissen aber, dass denen, die Gott lieben, alle Dinge zum Besten dienen, denen, die nach dem Vorsatz berufen sind. (Römer 8, 28) Bedenke: Gott ist gut! Und: Alle Dinge arbeiten zusammen für das Gute.

3) Was du säst, wirst du ernten.
- Denke daran: Jede Aktion hat eine gleiche entgegengesetzte Reaktion. (Newtonsches Gesetz) Wenn du jemanden segnest, kommt Segen zurück. Wenn du jemanden verfluchst, kommt Fluch zurück.
- <u>Achtung:</u> Was immer du aussprichst, wird geschehen. Gut oder böse!
- Halte deinen Mund rein. Halte dich an die Wahrheit. Sprich keine Unwahrheiten aus. Zügle deine Zunge. Sie ist unsere gefährlichste und die Waffe, die am meisten zerstört.

4) Heilige dich vor und für andere. Du bist ein Vorbild für andere Menschen. Lebe ohne Tadel (Eph 1, 4).

5) Suche nach Gottes Gerechtigkeit: **Meine Seele verlangte nach dir in der Nacht, ja, mein Geist in mir suchte dich; denn sobald deine Gerichte die Erde treffen, lernen die Bewohner des Erdkreises Gerechtigkeit. (Jes 26, 9)**

8.2 Lass dich in das Bild Jesus verändern

Denn die er ausersehen hat, die hat er auch vorherbestimmt, dass sie gleich sein sollten dem Bild seines Sohnes, damit dieser der Erstgeborene sei unter vielen Brüdern. (Röm 8, 29)

Jesus ist der erstgeborene Sohn. Wir sollen uns in sein Bild verändern oder verändern lassen. Auch wir sind Gottes Kinder und wir sollen dem Beispiel unseres älteren Bruders, Jesus, der uns vorangegangen ist, folgen.

Werde ein Botschafter Gottes. Botschafter sind Vertreter eines Landes. Wir, als Jesu Nachfolger, vertreten ihn und vor allem aber seinen Vater hier auf Erden. Das Himmelreich des Himmels kommt auf Erden. Sind wir bereit Botschafter für das Himmelreich des Himmels hier auf Erden zu sein? Wir wollen uns auch nicht aufhalten nur von der Anfangs- oder Gründerlehre Jesus zu predigen, sondern wir wollen zur vollen Reife übergehen und in seinem Namen handeln und ihn hier auf Erden würdig vertreten. (Heb 6, 1-3)

Das Königreich des Himmels ist wie ein König, der die Hochzeit für seinen Sohn vorbereitet. In der Bibel wird die Gemeinde der Gläubigen mit der Braut verglichen.

Eine Braut bereitet sich auf ihre Hochzeit vor und versucht dem Bräutigam so ähnlich wie möglich zu werden. Die Braut versucht den Bräutigam genauestens kennen zu lernen, damit sie sein Handeln und Tun verstehen und ergänzen kann. Eine Braut ist, wie schon in 1. Mose 2 beschrieben steht, die Gehilfin des Mannes. Sie unterstützt ihn in allem. Sie bereitet sich für die Hochzeit vor. Sie reinigt sich damit sie

…herrlich sei und keinen Flecken oder Runzel oder etwas dergleichen habe, sondern (damit sie) heilig und untadelig sei. (Eph 5, 27)

Als Jesus Gehilfen oder Gehilfinnen müssen wir uns, ähnlich wie eine Braut, uns reinigen und uns auf die Hochzeit vorbereiten. Die Gemeinde der Nachfolger Jesus Christus wird als die Braut Jesu bezeichnet. Wir, als Gemeinde, sollen zusehen, dass wir unserem Bräutigam immer ähnlich werden und ihn verstehen und auch in seinem Sinne handeln können.

Wir sind <u>Apostel</u> für Jesus. Diese Aufgabe können wir nur erfüllen, wenn wir seine Charakterzüge studieren und uns verwandeln lassen in sein Bild.

Auch in der Zeit der Trübsal werden wir noch gereinigt und geformt. Wie Paulus müssen wir lernen das <u>Rennen zu Ende</u> zu bringen. Wir werden auch durch Drangsal gehen, wenn auch nicht über die ganze Zeitspanne. Während dieser Zeit, werden wir noch einmal gründlich vom HERRN geprüft. – Halten wir uns an ihn? Harren wir aus und durch, trotz allem Leid? Folgen wir ihm nach? Sind wir auf ihn gegründet? Halten wir Gottes Gebote? – Off 14, 12: **Hier ist das standhafte Ausharren der Heiligen, hier sind die, welche die Gebote Gottes und den Glauben an Jesus bewahren!**)

Jesus fasste die Gebote in zwei Gebote zusammen:

Und Jesus sprach zu (dem Gesetzesgelehrten): „Du sollst den Herrn, deinen Gott, lieben mit deinem ganzen Herzen und mit deiner ganzen Seele und mit deinem ganzen Denken". Das ist das erste und größte Gebot. Und das zweite ist ihm vergleichbar: „Du sollst deinen Nächsten lieben wie dich selbst". An diesen zwei Geboten hängen das ganze Gesetz und die Propheten. (Matt 22, 37-40)

An erster Stelle sollte immer unser Gott stehen. An zweiter Stelle folgt dann die Nächsten- und Selbstliebe. Mit der Selbstliebe ist aber nicht die Narzisstische Liebe gemeint, sondern es geht hauptsächlich um die Selbstannahme und dass wir uns selber nicht schaden möchten. Im Johannes Evangelium sehen wir, wie wichtig es Jesus war, dass wir vor allem seine zwei neuen Gebote halten. Wir werden daran als Jesus Nachfolger erkannt werden.

Gleichwie mich der Vater liebt, so liebe ich euch; bleibt in meiner Liebe! Wenn ihr meine Gebote haltet, so bleibt ihr in meiner Liebe, gleichwie ich die Gebote meines Vaters gehalten habe und in seiner Liebe geblieben bin. Dies habe ich zu euch geredet, damit meine Freude in euch bleibe und eure Freude völlig werde. Das ist mein Gebot, dass ihr einander liebt, gleichwie ich euch geliebt habe. Größere Liebe hat niemand als die, dass einer sein Leben lässt für seine Freunde. Ihr seid meine Freunde, wenn ihr tut, was immer ich euch gebiete. Ich nenne euch nicht mehr Knechte, denn der Knecht weiß nicht, was sein Herr tut; euch aber habe ich Freunde genannt, weil ich euch alles verkündet habe, was ich von meinem Vater gehört habe. Nicht ihr habt mich erwählt, sondern ich habe euch erwählt und euch dazu bestimmt, dass ihr hingeht und Frucht bringt und eure Frucht bleibt, damit der Vater euch gibt, was auch immer ihr ihn bitten werdet in meinem Namen. Das gebiete ich euch, dass ihr einander liebt. (Joh 15, 9-17)

Wenn wir einander lieben, so wie Jeschua uns geliebt hat, möchten wir nicht nur ihm, sondern auch dem Vater, in allen Dingen gefallen. Jesus hat für uns alle Gebote gehalten, war ohne Sünde, ist für uns am Kreuz gestorben und aus Gnade vergibt uns unser himmlischer Vater. Unser Retter möchte unser Freund und älterer Bruder sein und er bittet uns, dass zu tun, was immer er uns gebietet. So ist es gut und wichtig, uns an die Gebote und die Thora (die Schrift, das Wort, die Gesetze) des Vaters zu halten. Wir werden es sicher nicht aus eigener Kraft schaffen, doch der Heilige Geist wird uns täglich an unsere Übertretungen erinnern und wir dürfen dann, möglichst sofort, um Vergebung bitten.

Jesus sagte, er kam, um das Gesetz zu vervollständigen und es vollkommen zu machen. Wie? Er zeigte die geistliche Absicht hinter Gottes Geboten und Gottes Wort. Jesus erfüllte das Gesetz, indem er Gottes Gebote erklärte und durch Beispiele erweiterte. Gerade in der Bergpredigt im Matthäusevangelium im 5. Kapitel wird dies besonders deutlich. In Jesaja 42, 21 steht über den Messias, dass

...es dem Herrn um seiner Gerechtigkeit willen gefiel, das Gesetz groß und herrlich zu machen.

Jesus hat das Gesetz vergrößert oder erweitert, indem er uns den geistlichen Hintergrund von Gottes Geboten zeigt. <u>Jesus gehorchte in seinen Taten und Gedanken Gottes Gesetz bis ins kleinste Detail.</u>

Jesus betonte immer wieder, dass er die Gebote nicht abgetan, sondern erfüllt hat. Er ist nicht gekommen um das Gesetz auf zu heben. Er selbst sagt:

Denn wahrlich, ich sage euch: Bis Himmel und Erde vergangen sind, wird nicht ein Buchstabe (Jota) noch ein einziges Strichlein vom Gesetz vergehen, bis alles geschehen ist. (Matt 5, 18)

Jota, hebräisch Jod, ist der kleinste Buchstabe des hebräischen Alphabetes. Mit dem »Strichlein« ist ein kleiner Strich gemeint, der zwei ähnliche Buchstaben des hebräischen Alphabets unterscheidet.

Jesus bestätigt hiermit, dass das Gesetz <u>ewige Gültigkeit</u> hat und <u>unveränderlich</u> und <u>unantastbar</u> ist. Dies gilt auch für das **Sabbatgebot** und **Gottes Feiertage.** Der neue Bund hebt die zehn Gebote Gottes nicht auf, sondern die Gebote werden mit Hilfe des Heiligen Geistes in unser Herz geschrieben.

Und Ich will euch ein neues Herz geben und einen neuen Geist in euer Inneres legen; Ich will das steinerne Herz aus eurem Fleisch wegnehmen und euch ein fleischernes Herz geben; ja, Ich will Meinen Geist in euer Inneres legen und werde bewirken, dass ihr in Meinen Satzungen wandelt und Meine Rechtsbestimmungen befolgt und tut. (Hesekiel 36, 26-27)

Ohne den Heiligen Geist können wir Menschen nicht Gottes Gebote halten. Paulus erklärt dies so:

Von unserem Wesen her lehnen wir Menschen uns gegen Gott auf, weil wir seine Gebote nicht erfüllen und auch gar nicht erfüllen können. (Römer 8, 7; Hfa)

8.3 Die Gnade Gottes

Gnade ist unverdientes Erbarmen Gottes gegenüber Sündern, die genau das Gegenteil verdienen. Wir Menschen sind alle Sünder, Keiner kann von sich behaupten, dass er ohne Sünde sei. Wer Sünde begangen hat, verdient die Strafe, doch Gott war uns Sündern gnädig und hat uns einen Erlösungsweg aufgezeigt in dem er seinen Sohn, als Sühneopfer hingab.

Wenn wir unser Vertrauen auf Jesus Christus setzen, wird uns ewige Erlösung angeboten, und zwar umsonst. Weil Jesus am Kreuz von Golgatha als Stellvertreter sein Leben für uns dahingegeben hat, erweist Gott uns Sündern Gnade.

Gnade ist ein Geschenk und kann nicht verdient, selbst errungen oder käuflich erworben werden - weder ganz noch teilweise. Die Gnade Gottes ist genauso grenzenlos wie Gottes Liebe.

Wenn wir aus Gnade errettet sind, können wir aber ganz bestimmt nicht genauso weiterleben wie bisher. Uns sind die Sünden aus Gnade vergeben, aber wir dürfen hinfort nicht mehr sündigen. Dies sehen wir in der Geschichte von Jesus und der Ehebrecherin. Jesus fragt die Frau:

…Frau, wo sind jene, deine Ankläger? Hat dich niemand verurteilt? Sie sprach: Niemand, Herr! Jesus sprach zu ihr: So verurteile ich dich auch nicht. Geh hin und sündige nicht mehr! (Joh 8, 10-11)

Der Sünderin wurde vergeben, aber sie sollte von da an nicht mehr sündigen. Dies zeigt uns: <u>Uns sind die Sünden durch Jesus Tod und Leiden am Kreuz vergeben worden, aber wir sollen ab jetzt nicht mehr sündigen</u>. Mit Gottes Hilfe sollen wir uns an seine <u>Gebote halten</u> und <u>nach seinem Willen handeln</u>. In seiner Gnade hat er uns den Heiligen Geist geschickt, der dafür sorgt, dass die zehn Gebote in unsere Herzen geschrieben werden. So können wir uns diese erinnern, und wir werden befähigt sie ein zu halten.

8.4 Jesus fordert zur Nächstenliebe auf

Nach dem Johannesevangelium hat Jesus seinen Jüngern und damit auch uns ein zentrales Gebot hinterlassen: Wir sollen einander so lieben wie er uns liebt. Seine Liebe beschreibt er als eine, die so groß ist, dass er sogar sein Leben uns, seine Freunde und Geschwister, hingibt.

Ein neues Gebot gebe ich euch, dass ihr euch untereinander liebt, wie ich euch geliebt habe, damit auch ihr einander lieb habt. Daran wird jedermann erkennen, dass ihr meine Jünger seid, wenn ihr Liebe untereinander habt. (Joh 13, 34-35)

Wenn ihr meine Gebote haltet, so bleibt ihr in meiner Liebe, gleichwie ich die Gebote meines Vaters gehalten habe und in seiner Liebe geblieben bin. (Joh 15, 10)

Denn das ist die Liebe zu Gott, dass wir seine Gebote halten; und seine Gebote sind nicht schwer. (1. Joh 5, 3)

Um es uns einfacher zu machen, erklärte Jesus uns, wie diese Nächstenliebe aussehen sollte. Er gab uns sieben Anweisungen, die Beziehungen betreffen.

1. Wenn aber dein Bruder an dir gesündigt hat, so geh hin und weise ihn zurecht unter vier Augen. Hört er auf dich, so hast du deinen Bruder gewonnen. (Matt 18, 15)

Wenn jemand gegen dich gesündigt hat, sprich ihn direkt an und kläre die Situation. Rede nicht hinter seinem Rücken über das Problem, sondern spreche die Person direkt, ohne Ärger, Wut oder Frust an, denn sonst verbreitest du Schlechtes und wirst dadurch selber zum Sünder. Der Herr hasst es wenn **einer, Zwietracht sät zwischen Brüdern. (Sprüche 6, 16 und 19).**

2. Wenn du nun deine Gabe zum Altar bringst und dich dort erinnerst, dass dein Bruder etwas gegen dich hat, so lass deine Gabe dort vor dem Altar

und geh zuvor hin und versöhne dich mit deinem Bruder, und dann komm und opfere deine Gabe! (Matt 5, 23-24)

Gott interessiert sich nicht für dein Opfer, wenn du nicht Frieden gestiftet hast zwischen dir und deinen Glaubensgeschwistern. Jesus ist für uns geopfert worden. Er ist unser Opferlamm. Hier entsteht die Frage: Gibt es denn heute noch Opfer bzw. wenn ja, welche Rolle spielt das Opfer bringen in der heutige Zeit? Wir können sagen, dass im N.T. in einem moralischen Sinn auf die Opfer angespielt wird, denn Christen werden als Könige und Priester gesehen. Paulus spricht zu den Nachfolgern (Brüdern) Christi:

Ich ermahne euch nun, ihr Brüder, angesichts der Barmherzigkeit Gottes, dass ihr eure Leiber darbringt als ein lebendiges, heiliges, Gott wohlgefälliges Opfer: Das sei euer vernünftiger Gottesdienst! (Römer 12, 1)

Als Nachfolger Christi sollen wir bereit sein unser Leben für unsere Geschwister hinzugeben.

Daran haben wir die Liebe erkannt, dass Er sein Leben für uns hingegeben hat; auch wir sind es schuldig, für die Brüder das Leben hinzugeben. (1. Joh 3, 16).

Als Christen sind wir zu Priester berufen und als solche sollen wir geistliche Schlachtopfer darbringen. (1. Petrus 2, 5; Phil 4, 18; Mk 9, 49).

Durch ihn lasst uns nun Gott beständig ein Opfer des Lobes darbringen, das ist die Frucht der Lippen, die seinen Namen bekennen! Wohlzutun und mitzuteilen vergesst nicht; denn solche Opfer gefallen Gott wohl! (Heb 13, 15.16)

Gott freut sich über deinen Lobpreis und deinen Dank. Deine Gebete sind ihm ein Wohlgeruch. Und deshalb v**ersucht, mit allen Menschen in Frieden zu leben, und bemüht euch, ein heiliges Leben nach dem Willen Gottes zu führen, denn wer nicht heilig ist, wird den Herrn nicht sehen. (Heb 12, 44)**

3. Habt Acht auf euch selbst! Wenn aber dein Bruder gegen dich sündigt, so weise ihn zurecht; und wenn es ihn reut (wenn er Buße tut), **so vergib ihm. Und wenn er siebenmal am Tag gegen dich sündigte und siebenmal am Tag wieder zu dir käme und spräche: Es reut mich! So sollst du ihm vergeben. (Luk 17, 3-4)**

Und wenn ihr dasteht und betet, so vergebt, wenn ihr etwas gegen jemand habt, damit auch euer Vater im Himmel euch eure Verfehlungen vergibt. Wenn ihr aber nicht vergebt, so wird auch euer Vater im Himmel eure Verfehlungen nicht vergeben. (Mk 11, 25-26)

Glückselig sind die Barmherzigen, denn sie werden Barmherzigkeit erlangen! (Matt 5, 7)

Hört auf, andere zu verurteilen, und ihr werdet auch nicht verurteilt werden. Hört auf, andere zu tadeln, oder es wird euch ebenso ergehen. Wenn ihr anderen vergebt, wird euch auch vergeben werden. Wenn ihr gebt, werdet ihr erhalten. Was ihr verschenkt, wird zusammengepresst und gerüttelt, in einem vollen, ja überreichlichen Maß zu euch zurückfließen. Nach dem Maß, mit dem ihr gebt, werdet ihr zurückbekommen. (Luk 6, 37-38, NL)

4. Ich aber sage euch: Jeder, der seinem Bruder ohne Ursache zürnt, wird dem Gericht verfallen sein. Wer aber zu seinem Bruder sagt: Raka! Der wird dem Hohen Rat (Sanhedrin) verfallen sein. Wer aber sagt: Du Narr! der wird dem höllischen Feuer verfallen sein. (Matt 5, 22) (Raka = Aräm. Ausdruck für Nichtsnutz oder Hohlkopf)

Lasst uns keine zornigen Gedanken mehr hegen und nicht über unsere Mitmenschen urteilen. Lasst uns mit Nächstenliebe auf unsere Mitmenschen zugehen.

5. Zürnt ihr, so sündigt nicht; die Sonne gehe nicht unter über eurem Zorn! Gebt auch nicht Raum dem Teufel! (Eph 4, 26-27)

Wenn du böse oder enttäuscht bist, bekomme das Problem so schnell wie möglich aus deinem Herzen. Ärger kann sehr schnell wachsen und würden wir Satan Raum in unserem Herzen geben.

Achtet aufeinander, damit niemand die Gnade Gottes versäumt. Seht zu, dass keine bittere Wurzel unter euch Fuß fassen kann, denn sonst wird sie euch zur Last werden und viele durch ihr Gift verderben. (Heb 12, 15)

6. Vergeltet niemand Böses mit Bösem! Seid auf das bedacht, was in den Augen aller Menschen gut ist. Ist es möglich, soviel an euch liegt, so haltet mit allen Menschen Frieden. Rächt euch nicht selbst, Geliebte, sondern gebt Raum dem Zorn [Gottes]; denn es steht geschrieben: „Mein ist die Rache; ich will vergelten, spricht der Herr". (5 Mo 32,35)Wenn nun dein Feind Hunger hat, so gib ihm zu essen; wenn er Durst hat, dann gib ihm zu trinken! Wenn du das tust, wirst du feurige Kohlen auf sein Haupt sammeln." (Sprüche 25, 21-22) Lass dich nicht vom Bösen überwinden, sondern überwinde das Böse durch das Gute! (Römer 12, 17-20)

7. Lass dich nicht vom Bösen überwinden, sondern überwinde das Böse durch das Gute! (Römer 12, 21)

Wir sollen das Böse durch das Gute überwinden in dem wir lieben und dem Guten tun, der uns verletzt hat. Wenn wir unsere Zuneigung oder Liebe jemandem verweigern, der uns verletzt hat, tun wir ihm Unrecht. Wenn wir „Böses mit Bösem" zurückzahlen wollen, dann wendet sich der Herr gegen uns und erhört unsere Gebete nicht. Petrus fasst die obengenannten Punkte wie folgt zusammen:

Schließlich sollt ihr alle einig sein, voller Mitgefühl und gegenseitiger Liebe. Seid barmherzig zueinander und demütig. Vergeltet Böses nicht mit Bösem. Werdet nicht zornig, wenn die Leute unfreundlich über euch reden, sondern wünscht ihnen Gutes und segnet sie. Denn genau das verlangt Gott von euch, und er wird euch dafür segnen! Denn in der Schrift heißt es: „Wenn du ein glückliches Leben führen und gute Tage erleben willst, dann hüte deine Zunge vor bösen Worten und verbreite keine Lügen. Wende dich ab

vom Bösen und tue Gutes. Bemüht euch, mit anderen in Frieden zu leben. Der Herr beschützt die, die das Rechte tun, und er wird ihre Gebete hören. Der Herr wendet sich gegen die, die Böses tun. (1. Petrus 3, 8-12)

Der Psalm 133 beschreibt die Nächstenliebe und das einträchtig miteinander leben mit unseren Geschwistern:

…Wie schön und wie wunderbar ist es,
wenn Brüder einträchtig zusammenleben!
Das ist so kostbar wie das duftende Salböl,
das Aaron über das Haupt gegossen wurde,
das hinabrann in seinen Bart,
an seinem Körper hinunter bis zum Saum seines Gewandes.
Es ist so erfrischend wie der Tau vom Berg Hermon,
der auf die Berge Zions fällt.
Denn dort verheißt der Herr seinen Segen und Leben,
das niemals enden wird. (Ps 133, 1 b-3, NL)

8.5 Die Gebote Gottes

Die Gebote Gottes stehen in 2. Mose (Exodus) Kapitel 20 und in 5. Mose (Deuteronomium) 5, 6-21. Die Gebote schenken **innere und äußere Freiheit**, sodass uns kein Götze, kein falscher Gott, keine Macht der Welt von Gottes Gnade abdrängen kann. In der Offenbarung lesen wir:

Ich bin das A und das O, der Anfang und das Ende, der Erste und der Letzte. <u>Glückselig sind, die Seine Gebote tun,</u> damit sie Anrecht haben an dem Baum des Lebens und durch die Tore in die Stadt eingehen können. (Off 22, 13-14)

Eines Nachts vor ungefähr zwei Jahren, weckte mich Gott mit den folgenden Worten:

<u>Halte Meine Gebote vor allem das erste und das vierte Gebot.</u>

Das erste Gebot ist eine Aufforderung, Gott mit ganzem Herzen, mit ganzer Seele und mit ganzer Kraft zu lieben. Gott, der die Israeliten aus Ägypten und uns aus der Sklaverei Satans geführt hat, ist der Eine Gott, der rettet und erlöst und uns liebt. Das erste Gebot ist das <u>tragende und wichtigste Gebot</u>. Es gibt vieles, das man vergöttern kann, aber JHWH ist der einzige Gott, den das Volk Israel und auch wir Christen anbeten dürfen und sollen. In unserem christlichen Glauben haben sich viele heidnische Bräuche und heidnisches Gedankengut eingeschlichen. Gott ist es wichtig, dass wir uns ihm ganz zu wenden und uns von diesen falschen Gebräuchen abwenden. Die Israeliten wurden damals durch u.a. Samuel (1. Sam 7,4) aufgefordert, die Baale und die Astarten hinweg zu schaffen.

Das erste Gebot betont aber auch, dass wir uns selber nicht an die erste Stelle setzen dürfen. Es geht um Gott. Sein Wille möge geschehen. Bleibe demütig in allem was du tust.

Über **das vierte Gebot, das Sabbatgebot** gibt es viele Diskussionen. Es heißt u.a., dass sich die urchristliche Gemeinde am Sonntag in Erinnerung an den Auferstehungstag Jesu, dem sogenannten "Herrentag" traf.

Die Apostel der Urgemeinde hatten am Anfang einige Streitgespräche, wie zum Beispiel über die Frage des Götzenopferfleisches und der Beschneidung, doch finden wir **keine Hinweise** im Neuen Testament über Auseinandersetzungen **wegen des Sabbattages**. Diese Streitgespräche gab es wohl aber später als sich die Christen stärker vom Judentum distanzieren wollten.

„Unter Kaiser Konstantin wurde im Jahr 321 die Feier des Gottesdienstes mit dem arbeitsfreien Ruhetag am Sonntag verbunden; in der Folge dessen war gegen Ende des 4. Jahrhunderts der Sonntag als christlicher Ruhetag etabliert. Im Mittelalter galt der sonntägliche Gottesdienstbesuch als Kirchengebot." [viii] Mit der Gesetzesänderung, der Verlegung des ursprünglichen Anbetungstages vom Sabbat auf den ersten Tag der Woche (Sonntag), konnte Konstantin weiterhin seinen Sonnengott am Sonntag (dem Tag der Sonne) anbeten.

Jesus aber warnte schon damals seine Nachfolger, dass am Wort Gottes und auch an seinen Geboten nichts geändert dürfte. Immer wieder wies er darauf hin:

Ihr sollt nicht meinen, dass ich gekommen sei, um das Gesetz oder die Propheten aufzulösen. Ich bin nicht gekommen, um aufzulösen, sondern um zu erfüllen! Denn wahrlich, ich sage euch: Bis Himmel und Erde vergangen sind, wird nicht ein Buchstabe noch ein einziges Strichlein vom Gesetz vergehen, bis alles geschehen ist. Wer nun eines von diesen kleinsten Geboten auflöst und die Leute so lehrt, der wird der Kleinste genannt werden im Reich der Himmel; wer sie aber tut und lehrt, der wird groß genannt werden im Reich der Himmel. Denn ich sage euch: Wenn eure Gerechtigkeit die der Schriftgelehrten und Pharisäer nicht weit übertrifft, so werdet ihr gar nicht in das Reich der Himmel eingehen! *(Matthäus 5, 17-20)*

Jesus fordert seine Nachfolger auf, dass sie darum beten sollten in der Zeit der Drangsal nicht am Sabbat fliehen zu müssen (Matthäus 24, 20). Im Buch Jesaja steht:

„So sicher der neue Himmel und die neue Erde, die Ich erschaffe, vor Mir Bestand haben werden, so sicher sollen auch eure Nachkommen und euer Name Bestand haben", spricht der Herr. „An jedem Neumond und an jedem Sabbat wird die ganze Menschheit kommen und Mich anbeten", sagt der Herr. (Jes 66, 22-23, NL)

Das Sabbatgebot ist das Gebot, welches am genausten und ausführlichsten beschrieben ist. Es dient der Ruhe und der Erinnerung an die Schöpfungsgeschichte.

Zu dem Sabbatgebot gehören nicht nur das Einhalten des Sabbats, sondern auch das Einhalten der sieben Feste Gottes, wie das Passahfest (Pessach), das Fest der ungesäuerten Brote (Chag HaMazzot), das Fest der Erstlings Früchte (Bikkurim), das Pfingstfest (Schawuot), das Schofarblasen (Posaunenblasen) auch bekannt als Neujahrsfest (Rosch HaSchana), der Tag der Versöhnung (Jom Kippur) und das Laubhüttenfest (Sukkot). (3. Mose 23, 1-44)

Diese Feste zeigen auf das prophetische Kommen des Messias (Jesus Christus) hin. Jedes fest hat eine besondere Bedeutung und spielt eine große Rolle auch in der Endzeit.

Gott gab uns die **Feste und Ruhetage**, damit wir Seinen Erlösungsplan für die Welt verstehen und unsere persönliche Beziehung zu Ihm investieren. Die Feste und die Sabbate wurden ursprünglich anhand der Mondphasen ausgerechnet, denn Gott sprach:

Es sollen Lichter an der Himmelsausdehnung sein, zur Unterscheidung von Tag und Nacht, die sollen als Zeichen dienen und zur Bestimmung der Zeiten und der Tage und Jahre, und als Leuchten an der Himmelsausdehnung, dass sie die Erde beleuchten! (1.Mose 1,14-15)

8.6 Gottes zehn Gebote aus 2. Mose 20

1. <u>Ich bin der Herr, dein Gott</u>, der ich dich aus dem Land Ägypten, aus dem Haus der Knechtschaft, herausgeführt habe. <u>Du sollst keine anderen Götter neben Mir haben</u>! (Verse 2-3)

2. <u>Du sollst dir kein Bildnis noch irgendein Gleichnis machen</u>, weder von dem, was oben im Himmel, noch von dem, was unten auf Erden, noch von dem, was in den Wassern, unter der Erde ist. Bete sie nicht an und diene ihnen nicht! Denn ich, der Herr, dein Gott, bin ein eifersüchtiger Gott, der die Schuld der Väter heimsucht an den Kindern bis in das dritte und vierte Glied derer, die mich hassen, der aber Gnade erweist an vielen Tausenden, die mich lieben und Meine Gebote halten. (Verse 4-6)

3. <u>Du sollst den Namen des Herrn, deines Gottes, nicht missbrauchen!</u> Denn der Herr wird den nicht ungestraft lassen, der seinen Namen missbraucht. (Vers 7)

4. <u>Gedenke an den Sabbattag und heilige ihn!</u> Sechs Tage sollst du arbeiten und alle deine Werke tun; aber am siebten Tag ist der Sabbat des Herrn, deines Gottes; da sollst du kein Werk tun; weder du, noch dein Sohn, noch deine Tochter, noch dein Knecht, noch deine Magd, noch dein Vieh, noch dein Fremdling, der innerhalb deiner Tore lebt. Denn in sechs Tagen hat der Herr Himmel und Erde gemacht und das Meer und alles, was darin ist, und er ruhte am siebten Tag; darum hat der Herr den Sabbattag gesegnet und geheiligt. (Verse 8-11)

5. <u>Du sollst deinen Vater und deine Mutter ehren</u>, damit du lange lebst in dem Land, das der Herr, dein Gott, dir gibt! (Vers 11)

6. Du sollst nicht töten (morden – ungesetzliches töten)! (Vers 12)

7. Du sollst nicht ehebrechen! (Vers 13)

8. Du sollst nicht stehlen! (Vers 14)

9. Du sollst kein falsches Zeugnis reden gegen deinen Nächsten! (Vers 15)

10. <u>Du sollst nicht begehren das Haus deines Nächsten!</u> Du sollst nicht begehren die Frau deines Nächsten, noch seinen Knecht, noch seine Magd, noch sein Rind, noch seinen Esel, noch irgendetwas, das dein Nächster hat! (Vers 16)

9. Die Ausrüstung durch den Heiligen Geist

Mein Kind!

Sicher hast du dich schon öfter gefragt, was der Heilige Geist mit allem zu tun hat. Der Heilige Geist heißt in Hebräisch: Ruach HaKodesch und dies bedeutet der Kodesch (= heilige) Ruach (= Geist, Atem oder Wind). Der Heilige Geist wird schon am Anfang der Bibel erwähnt, denn dort heißt es: der Geist Gottes schwebte über den Wassern.

Ruach ha Kodesch ist Mein Geist. Jesus versprach seinen Nachfolgern, also auch dir, dass er den Heiligen Geist als Tröster oder als Beistand (1. Mose 1, 2 und Joh 14, 26) schicken würde. Der Heilige Geist ist aber viel mehr. Der Heilige Geist setzt dein Herz in Brand! Er beeinflusst deinen Willen, deinen Verstand und deine Gefühle. Er sorgt dafür, dass die zehn Gebote (2. Mose 20, 1-17) in dein Herz geschrieben werden und macht sicher, dass du dich auch an sie erinnerst und sie einhältst.

Mein Geist rüstet dich zu. Er beschenkt dich reichlich. Er bereitet dich auf die Hochzeit mit Meinem Sohn vor. Jesus und du sollen immer ähnlicher werden.

Der Heilige Geist verleiht dir neun Gaben. Er beschenkt dich mit <u>Weisheit, Erkenntnis</u>, <u>Glauben</u> und <u>Gesundheit</u>, wobei die Weisheit, die höchste Gabe ist, nach der du streben solltest. Denk an König Salomon, der Mich um Weisheit bat. Der Heilige Geist sorgt dafür, dass du <u>Wunder tun</u> kannst. Er begabt dich in der <u>prophetischen Rede</u>, der <u>Geisterunterscheidung</u>, der <u>Zungenrede</u> und der <u>Gabe diese Zungenrede aus zu legen</u>. (1. Kor 12, 7-11)

Mein Kind, wie eine Frucht reifen muss, so muss auch deine Persönlichkeit zur Reife geführt werden. Damit du dies einüben kannst, wirst du in der Frucht des Geistes wandeln. Die Frucht des Geistes aber ist <u>Liebe</u>, <u>Freude</u>, <u>Friede</u>, <u>Geduld</u>, <u>Freundlichkeit</u>, <u>Güte</u>, <u>Treue</u>, <u>Sanftmut</u> und <u>Selbstbeherrschung</u>.

Des Weiteren wird er dich reichlich mit diversen Dienstgaben (Gal 5, 22; Römer 12, 6-8) ausrüsten. Sie dienen dem Bau der Gemeinde Jesu. Einige Meiner Kinder werden mit der prophetischen Rede ausgestattet. Mit dieser Gabe spreche Ich zu Meinen anderen Kindern. Prophetisch begabte Kinder haben die Aufgaben Mein Volk zu warnen und Meine Botschaften weiter zu geben. Jeremiah, Jesaja, Johannes, der Täufer, Elijah, Daniel, Henoch waren einige der Propheten, die Mich damals gehört haben. In Joel 3 kannst du lesen, dass Ich Meinen Geist ausgießen werde über alles Fleisch; und dass die Söhne und Töchter weissagen werden; dass die Ältesten Träume haben werden und dass die jungen Männer Gesichte bzw. Visionen sehen werden.

Andere Kinder berufe Ich zum Lehren. Sie werden unterrichten und erklären, was in Meinem heiligen Wort, der Bibel, steht. Es gibt inzwischen viele Studienbibeln, die dir bei der Auslegung helfen, aber schau genau hin und frage Mich, ob die Auslegung stimmt.

Einige werden die Gabe des Dienens erhalten und andere sind Ermutiger. Dann gibt es diejenigen, die sich um die Finanzen kümmern und diese Weise und ehrlich einsetzen und weitergeben werden.

Der ein oder andere wird die Fähigkeit verliehen bekommen, andere zu leiten, dann sollen sie diese Verantwortung ernstnehmen. Und wenn du die Begabung hast, dich um andere, die es nötig haben, zu kümmern oder vielleicht zu pflegen, dann sollst du es mit fröhlichem Herzen tun.

Der Heilige Geist sorgt aber auch für deine Sicherheit und legt dir die geistliche Waffenrüstung (Epheser 6) an. Ruach haKodesch wohnt in dir, in deinem heiligen Tempel (Eph 6, 10-18; 1.Kor 3, 16, 1.Kor 6, 19). Er sorgt dafür, dass du diesen Tempel rein hältst, und überführt dich, wenn du gesündigt hast. Mein Geist führt dich durch Eingebung, durch Wahrheit und in Liebe, damit du Jesus immer ähnlicher werden kannst.

Mein Geist führt dich zur Erkenntnis, weckt den Glauben, stärkt den Verstand, führt zur Anerkennung (Joh 7, 38; Hebr 11, 3; Jes 11, 2; Römer 10, 10). So lässt der Heilige Geist dich bekennen und bewegt dich zu reden. Der Heilige Geist führt dich in die Wahrheit, indem er dein Gewissen schärft, dich gehorsam macht, deinen Willen prägt (2. Petrus 1, 21; Römer 9, 1; 1. Pet 1, 22; 1. Joh 2,17). Auch verleiht der Heilige Geist dir Autorität und sichert dich durch seine Kraft. Er lässt dich nach Meinem Willen handeln (Apg 1, 8; 2. Tim 1,7; Jak 1,22).

Ich bin Liebe und deshalb sollte es dich auch nicht verwundern, dass der Heilige Geist dir Meine Liebe vermittelt. Er führt dich in die Gemeinschaft und sorgt für Geborgenheit. Mein Geist bestimmt das Gefühl und sorgt für Freude. Der Heilige Geist bewirkt Heilung und er macht dich fit für den Dienst (2. Kor 13, 13; Römer 14, 17; Mk 16, 18; Tit 3, 3+8, Matt 10, 1).

Mein geliebtes Kind, Ich kenne dich sehr gut, bestimmt besser als du dich selbst und wünsche Mir nichts sehnlicher als eine innige Beziehung zu dir. Komm und lass dich von Meiner Liebe und Meinem Geist erfüllen, so wirst du erleben, wie du ein neuer Mensch wirst. Du wirst dich zu dem Kind verändern, dass Ich Mir ausgemalt und erdacht habe. Du bist Mein geliebtes Kind. Lege deine Eitelkeiten und dein Leistungsdenken ab. Lerne in Meiner Gegenwart zu leben. Lass dich vom Heiligen Geist füllen, dann wird dein Leben fruchtbar werden.

In Liebe dein ABBA JHWH

9.1 Der Heilige Geist – die Kraft Gottes

Der Heilige Geist ist nicht sichtbar und doch sehr spürbar. Er spricht, meist mit leiser Stimme. Der Heilige Geist tröstet - er sendet - er leitet - er warnt - und er ermahnt. In 1. Korinther 12 sehen wir, wie der Heilige Geist inmitten der Versammlung wirkt und Gaben austeilt. In der Apostelgeschichte 13, 2-4, sehen wir, wie er Barnabas und Paulus zum Dienst begabt und aussendet.

Der Ruach haKodesch der Bibel wird als göttliche Kraft offenbart.

**Nicht durch Macht und nicht durch Kraft, sondern durch Meinen Geist!",
spricht der Herr der Heerscharen. (Sacharja 4,6)**

**Ich aber bin erfüllt mit Kraft, mit dem Geist des Herrn, mit Recht und Stärke,
um Jakob seine Übertretung zu verkünden, und Israel seine Sünde. (Micha
3,8)**

Der Heilige Geist ist der Geist des Vaters und wie der Name schon sagt, heilig. Er ist der Atem oder der Odem unseres Gottes. Schon Hiob behauptete:

**Der Geist Gottes hat mich gemacht, und der Odem des Allmächtigen erhält
mich am Leben. (Hiob 33,4)**

David flehte Gott an:

**Verwirf mich nicht von deinem Angesicht, und nimm deinen heiligen Geist
nicht von mir. (Psalm 51,13)**

David wusste, dass wir nur mit Gottes Heiligen Geist ein geheiligtes Leben führen können.
Hesekiel, einer der bekannten Propheten Israels, schrieb folgende Prophezeiung über den Heiligen Geist:

Und ich will euch ein neues Herz geben und einen neuen Geist in euer Inneres legen; ich will das steinerne Herz aus eurem Fleisch wegnehmen und euch ein <u>fleischernes Herz</u> geben; ja, ich will <u>Meinen Geist in euer Inneres legen</u> und werde bewirken, dass ihr in Meinen Satzungen wandelt und Meine Rechtsbestimmungen befolgt und tut. (Hesekiel 36, 26-27)

Johannes, der Täufer rief zur Taufe mit Wasser zur Buße auf:

Ich taufe euch mit Wasser zur Buße; der aber nach mir kommt, ist stärker als ich, so dass ich nicht würdig bin, ihm die Schuhe zu tragen; der wird euch mit Heiligem Geist und Feuer taufen. (Matt 3,11)

Als Jesus getauft wurde, wurde er sichtbar und hörbar mit dem Heiligen Geist gefüllt:

Es geschah aber, als alles Volk sich taufen ließ und auch Jesus getauft wurde und betete, da tat sich der Himmel auf, und der Heilige Geist stieg in leiblicher Gestalt wie eine Taube auf ihn herab, und eine Stimme ertönte aus dem Himmel, die sprach: Du bist Mein geliebter Sohn; an dir habe ich Wohlgefallen! (Lukas 3, 21-22)

Hier spricht der Vater selbst mit hörbarer Stimme. Als Zeichen für seinen Sohn erfüllte Gott, der Vater, Jesus mit dem Heiligen Geist, d.h. mit Seiner gewaltigen Geisteskraft. Der Heilige Geist wurde Jesus direkt überbracht. Jesus wurde mit dem Heiligen Geist gesalbt und für seine Aufgabe zugerüstet. Jesus gab darüber Zeugnis in Nazareth, seiner Heimatstadt:

Der Geist des Herrn ist <u>auf mir</u>, weil er mich gesalbt hat, den Armen frohe Botschaft zu verkünden; er hat mich gesandt, zu heilen, die zerbrochenen Herzens sind, Gefangenen Befreiung zu verkünden und den Blinden, dass sie wieder sehend werden, Zerschlagene in Freiheit zu setzen, um zu verkündigen das angenehme Jahr des Herrn. (Lukas 4, 18)

Salbung geschieht in der Bibel durch Öl, welches auf das Haupt gegossen wird. Das Öl symbolisiert den Heiligen Geist und es ist ein Symbol dafür, dass die Gesinnung dieses Heiligen Geistes den Menschen gegeben wird. Auch wir werden mit dem Heiligen Geist getauft und für unsere Aufgaben gesalbt. Wir sprechen dann von der Taufe mit dem Heiligen Geist. Die Ausgießung des Heiligen Geistes kommt vom Vater.

Wenn aber der Beistand kommen wird, den ich euch vom Vater senden werde, der Geist der Wahrheit, der vom Vater ausgeht, so wird der von mir Zeugnis geben. (Joh 15, 26)

Und siehe, ich sende auf euch die Verheißung meines Vaters; ihr aber bleibt in der Stadt Jerusalem, bis ihr angetan werdet mit Kraft aus der Höhe! (Lukas 24, 49)

Vor dem Sündenfall besaßen Adam und Eva auch den Geist Gottes. So konnten sie Gemeinschaft mit Gott haben. Durch Jesus Opfertod am Kreuz ist es jedem Gläubigen möglich wieder und immer vom Heiligen Geist durchdrungen zu sein und wir dürfen lernen in Harmonie mit unserem himmlischen Vater und mit Jesus, unserem älteren Bruder und Retter, zu leben und zu regieren.

Weil ihr nun Söhne (und Töchter) **seid, hat Gott den Geist seines Sohnes in eure Herzen gesandt, der ruft: Abba, Vater! (Galater 4,6)**

Als Jesus, der Messias, auf Erden wandelte, war er immer mit dem Geist Seines Vaters erfüllt:

Glaubst du nicht, dass ich im Vater bin und der Vater in mir ist? Die Worte, die ich zu euch rede, rede ich nicht aus mir selbst; und der Vater, der in mir wohnt, der tut die Werke. (Johannes 14, 10)

Johannes, einer der Augenzeugen Jesus, erklärt in seinem ersten Brief:

Und wer <u>seine Gebote hält</u>, der bleibt in Ihm und Er in ihm; und daran erkennen wir, dass Er in uns bleibt: an dem Geist, den Er uns gegeben hat. (1. Joh 3, 24)

9.2 Geistestaufe

Das Leben als Christ beginnt mit dem Entschluss Jesus unser Leben anzuvertrauen, d.h. mit der Bekehrung zu Jesus und dem Empfang des neuen Lebens aus Gott (Wiedergeburt). Mit dem Reden Gottes in unser Leben hinein und dem Wirken des Heiligen Geistes zur Wiedergeburt haben wir nicht das Ziel unseres Christenlebens erreicht, sondern sind am Beginn des neuen Lebens. Die Taufe im Heiligen Geist ist eine markante und wichtige Erfahrung, die uns begabt und uns auf unseren Dienst vorbereitet.

Die Geistestaufe oder besser die Taufe im Heiligen Geist bedeutet die Taufe, wie sie von Johannes dem Täufer schon vorausgesagt wurde:

Ich taufe euch mit Wasser zur Buße; der aber nach mir kommt, ist stärker als ich, so dass ich nicht würdig bin, ihm die Schuhe zu tragen; der wird euch mit Heiligem Geist und Feuer taufen. (Matt 3,11)

Die ersten Jünger erlebten zu Pfingsten diese Geistestaufe. Sie wurde ihnen von Jesus kurz vor Himmelfahrt verheißen. Jesus erklärte, dass die Taufe im Heiligen Geist der Empfang dynamischer Kraft des Heiligen Geistes zum Zeugendienst sei. (Apostelgeschichte.1, 4-8) Das Wort Dynamis kommt aus dem Griechischen und bedeutet: Kraft, Fähigkeit, Vollmacht, besonders innenwohnende Kraft und Eigenschaft Gottes. Wir können auch von der Macht Gottes sprechen. (Elberfelder, Studienbibel, S. 1921)

Die Ausgießung des Heiligen Geistes wird in der Apostelgeschichte 2 beschrieben. Wenn heute jemand sein Herz öffnet und Gott in sein Leben Einzug halten lässt, kommt der Heilige Geist sofort, um in ihm zu wohnen.

... denn die Liebe Gottes ist ausgegossen in unsere Herzen durch den Heiligen Geist, der uns gegeben worden ist. (Römer 5, 5b)

Als Petrus Kornelius und seine Familie zum Glauben führt und diese mit dem Heiligen Geist gefüllt werden, wird diese Geistestaufe als Zeichen der Echtheit ihrer Bekehrung angesehen. Sie wurden in diesem Fall erst im Anschluss mit Wasser getauft. (Apostelgeschichte 11, 1-18)

Wenn du das Gefühl hast, dass du den Heiligen Geist noch nicht in dir wahrnimmst, kannst du dein Leben erneut dem Vater übergeben und Ihn bitten, dich mit dem Heiligen Geist zu füllen, damit du für dein neues Leben, deine neue Berufung und deinen neuen Dienst mit seiner dynamischen und heiligen Kraft gefüllt wirst.

9.3 Bitte um die Erfüllung mit dem Heiligen Geist

Lieber Vater im Himmel!

Ich bitte dich um die Erfüllung mit Deinem Heiligen Geist. Ich erlaube dem Heiligen Geist mich mit Deiner Kraft zu füllen, und aus mir und durch mich zu strömen. Ich erlaube ihm auch, meine Stimme zu gebrauchen. Lass die Frucht des Geistes in mir wachsen und mein Leben verändern und prägen. Lieber Vater, gebrauche mein Reden, um Dich zu verherrlichen. Nimm mein ganzes Leben. Ich übergebe Dir die Herrschaft.

AMEN

9.4 Göttliche Inspiration durch den Geist

Gott offenbart seinen Propheten und Dienern seine göttliche Inspiration durch den Heiligen Geist. So schrieb Petrus:

Denn es ist noch nie eine Weissagung aus menschlichem Willen hervorgebracht worden, sondern getrieben von dem Heiligen Geist haben Menschen im Namen Gottes geredet (2. Petrus 1,21).

Paulus schrieb an die Epheser, dass Gottes Plan den Aposteln und Propheten durch den Heiligen Geist offenbart wird (Epheser 3,5). Weiter erklärt Paulus den Korinthern, dass durch Gottes Geist die Dinge offenbart werden, die

… kein Auge gesehen hat und kein Ohr gehört hat und in keines Menschen Herz gekommen ist, sondern nur von Gott denen gegeben wird, die Ihn lieben. (1. Kor 2, 9-10)

Jesus Christus versprach seinen Jüngern und auch uns, seinen Nachfolgern, dass **Aber der Tröster, der Heilige Geist, den mein Vater senden wird in meinem Namen, der wird euch alles lehren und euch an alles erinnern, was ich euch gesagt habe. (Johannes 14,26; Luther 2016)**

Jesus war nach seiner Taufe gefüllt mit dem Heiligen Geist. Er hatte großes geistliches Verständnis. Schon 700 vor Christus prophezeite Jesaja den Messias, unseren Retter, mit folgenden Worten:

Auf <u>ihm</u> wird ruhen der Geist des HERRN, der Geist der Weisheit und des Verstandes, der Geist des Rates und der Stärke, der Geist der Erkenntnis und der Furcht des HERRN. (Jes 11, 2)

9.5 Warnung – betrübe nie den Heiligen Geist

Immer wieder lesen wir in der Bibel Warnungen: Betrübe nicht den Heiligen Geist! Was bedeutet das?

Und betrübt nicht den Heiligen Geist Gottes, mit dem ihr versiegelt worden seid für den Tag der Erlösung! (Eph 4, 30)

Sie aber waren widerspenstig und betrübten Seinen Heiligen Geist; da wurde er ihnen zum Feind und kämpfte selbst gegen sie. (Jes 63,10)

Wie können wir den Heiligen Geist betrüben? Wir dürfen weder bitter, zornig oder noch grimmig sein. Auch sollen wir nicht Herumschreien, noch sollen wir lästern. Alle Bosheit sollen wir fern von uns halten. (Epheser 4,30-32)

Wir sollen eine neue Kreatur werden und die alte Kreatur ablegen. Wenn wir aber weiterhin ein sündiges Leben führen und uns nicht an die Gebote Gottes halten, führen wir ein Leben, welches den Heiligen Geist betrübt oder wie ein Feuer dämpft. Wenn wir ein Leben in Habgier, in Unzucht und in Ausschweifungen mit trügerischen Begierden leben, betrüben wir den Heiligen Geist. Wir müssen den alten Menschen und seinen vorigen Lebenswandel ablegen. Es ist heilsnotwendig, dass wir ein Leben nach Gottes Willen und außerdem in Gottes Gerechtigkeit und Heiligkeit führen. Darum sollen wir die Lüge ablegen und die Wahrheit reden. Wir sollen nicht zornig sein und vor allem sollen wir Zorn oder Streit vor der Nachtruhe beenden. Lasst uns dem Teufel, dem Widersacher, keine Chance geben.

Wer gestohlen hat, der stehle nicht mehr, sondern arbeite und schaffe mit eigenen Händen das nötige Gut, damit er dem Bedürftigen abgeben kann. Lasst kein faules Geschwätz aus eurem Mund gehen, sondern redet, was gut ist, was erbaut und was notwendig ist, damit es Segen bringe denen, die es hören. (Eph 4, 17-31)

9.6 Die neunfache Frucht des Geistes

Die Frucht aber des Geistes ist <u>Liebe</u>, <u>Freude</u>, <u>Friede</u>, <u>Geduld</u>, <u>Freundlichkeit</u>, <u>Güte</u>, <u>Treue</u>, <u>Sanftmut</u>, <u>Keuschheit</u>; gegen all dies ist das Gesetz nicht. (Gal 5, 22-23)

Gott möchte, dass unser Leben gut wird. Unser Dasein wird sich nicht sofort verändern, sondern wie jede Frucht wird die Saat des neuen Lebens sich langsam entwickeln und wachsen. Gottes Gnade ermöglicht uns, dass wir uns verändern. Er gibt uns dafür Zeit, aber Gott erwartet, dass wir uns verändern lassen. Der Heilige Geist soll diese Dinge in uns bewirken:

9.6.1 Liebe:

Die Agape Liebe ist die göttliche, wohlwollende Liebe. Sie möchte immer das Beste für den Nächsten, unabhängig wie dieser verhält. Damit auch wir mit dieser bedingungslosen Liebe andere Menschen entgegen treten können, benötigen wir die Hilfe des Heiligen Geistes.

9.6.2 Freude:

Diese Freude hat ihren Grund im Glauben an Jesus Christus. Gott möchte uns Freude schenken, die unabhängig von den äußeren Umständen ist. Die Freude im Herrn bleibt unsere Stärke und bleibt uns erhalten, auch wenn wir mal etwas nicht schaffen oder die Umstände nicht so sind wie wir sie uns erhoffen.

9.6.3 Friede:

Schalom ist ein Frieden, der sich nicht nur auf Waffenstillstand bezieht, sondern er bedeutet Ruhe, Ordnung, Wohlergehen im umfassenden Sinne. Wir dürfen diesen Frieden auch an Gottes Fest- und Ruhetagen erleben. Gott schenkt uns eine innere Zufriedenheit, Vergnügtheit und auch Gelassenheit. An Gottes Hand verspüren wir Ruhe.

9.6.4 Geduld:

Geduld, Langmut und Beharrlichkeit können wir in unserem Leben sehr gut gebrauchen. Gott ist wie wir schon in **Psalm 103, 8** lesen können, **„barmherzig und gnädig …, geduldig und von großer Güte.“** Gott hat sehr viel Geduld mit uns. Immer wieder gibt er uns die Möglichkeit um zu kehren und Buße zu tun. Sollten nicht auch wir lernen geduldiger zu werden?

9.6.5 Freundlichkeit:

Freundlichkeit ist eine Tugend, das anerkennende und liebenswürdige Verhalten eines Menschen gegenüber seiner sozialen Umgebung. Wenn wir freundlich sind, zeigen wir Interesse an unserem Gegenüber. Wir finden taktvolle Worte.

9.6.6 Güte:

Güte und Freundlichkeit ähneln sich. Eine freundliche Person ist gütig, sanft, mitfühlend und wohlwollend. Sie nimmt anderen gegenüber eine großzügige, rücksichtsvolle Haltung ein.

9.6.7 Treue:

Treue und Glaube gehören zusammen. Der Heilige Geist weckt in uns den Glauben im Herzen. Wir lernen, Gott in allem zu vertrauen. Gott ist treu und auch wir lernen, Gott zu glauben und ihm treu zu folgen.

9.6.8 Sanftmut:

Gott möchte in uns Sanftmut wecken, denn ein sanftmütiger Mensch kann sich Gottes Willen unterordnen. Er lässt sich verändern und nimmt Korrektur an. Ein sanftmütiger oder demütiger Mensch hält seinen Zorn im Zaum, wird aber auch nicht so nachgiebig und mild, dass er seine innere Haltung verliert.

9.6.9 Selbstbeherrschung:

Die Selbstbeherrschung oder auch die Keuschheit zügelt unsere Begierden mit Hilfe des Heiligen Geistes. Wer sich selbstbeherrscht, wird fähig, andern Menschen zu helfen und ihnen zu dienen. Mit Hilfe des Heiligen Geistes brauchen wir nicht mehr zu sündigen oder der Sünde zu dienen, sondern wir können für Gott leben.

- Wer Liebe sät, wird Liebe ernten.
- Wer Freude sät, wird Freude ernten.
- Wer Frieden sät, wird Frieden ernten.
- Wenn wir Gutes pflanzen, wird Gutes wachsen.

Gott freut sich über jedes freundliche Wort. Er freut sich, wenn wir z.B. geduldig andern über die Straße helfen. Er mag es, wenn wir uns keusch (sexuell enthaltsam in der Zeit vor der Ehe) verhalten. Solltest du Sex vor der Ehe getan haben und du wirst Christ, solltest du hier unbedingt Buße tun. Der Heilige Geist hilft uns unsere Beziehung zu Gott, unserem Vater, zu bereinigen und neue Frucht in unser Leben zu tragen.

9.7 Die neun Gaben des Geistes

Die Geistesgaben dienen erstens zur Ehre und Verherrlichung Gottes und zweitens zur Ermahnung, Tröstung und Auferbauung der Gemeinde.

Also auch ihr, da ihr eifrig nach Geisteswirkungen trachtet, strebt danach, dass ihr zur Erbauung der Gemeinde Überfluss habt! (1. Korinther 14,12)

Bei den Geistesgaben handelt es sich um eine Wirkung des Heiligen Geistes. Die Geistesgaben sind ein Geschenk Gottes an jeden Gläubigen und wir dürfen davon ausgehen, dass jeder mindestens eine Gabe erhält. Diese Gaben sind geistliche Fähigkeiten.

Wir dürfen und sollen Gott fragen, wo unsere geistlichen Gaben liegen. Wenn wir unsere Gaben entdeckt haben, sollen wir sie geistlich einsetzen und gebrauchen. So können wir unseren himmlischen Vater und Seinen Sohn, Jesus Christus, dienen und verherrlichen.

Wie sehen diese Gnadengaben aus? In Korinther 12,13-14, (NL), wird die Gemeinde Jesu (der Leib Jesu) mit dem menschlichen Körper verglichen. Jedes Körperteil spielt eine lebenswichtige Rolle.

Der menschliche Körper hat viele Glieder und Organe, doch nur gemeinsam machen die vielen Teile den einen Körper aus. So ist es auch bei Christus und seinem Leib. Einige von uns sind Juden, andere Nichtjuden; einige sind Sklaven, andere frei. Aber wir haben alle denselben Geist empfangen und gehören durch die Taufe zum Leib Christi. Auch der Körper besteht aus vielen verschiedenen Teilen, nicht nur aus einem.

9.8 Wie sehen die verschiedenen Gaben aus?

Die Liebe soll euer höchstes Ziel sein. Aber bemüht euch auch um die besonderen Gaben, die der Geist zuteilt, vor allem um die Gabe der Prophetie. Denn wem die Gabe geschenkt wird, in anderen Sprachen zu reden, der spricht zu

Gott, aber nicht zu Menschen, weil ihn niemand versteht. Er redet durch die Kraft des Geistes, aber es sind Geheimnisse, die er ausspricht. Wer dagegen prophetisch redet, der hilft anderen, im Glauben an den Herrn zu wachsen, und er ermutigt und tröstet sie. Wenn jemand in anderen Sprachen redet, wird er selbst dadurch im Glauben gestärkt; doch wer prophetisch redet, der stärkt die ganze Gemeinde. Ich wünschte, ihr alle hättet die Gabe, in Sprachen zu reden, aber noch mehr wünschte ich, ihr könntet alle prophetisch reden. Denn die Gabe der Prophetie ist wichtiger und nützlicher als das Reden in Sprachen, es sei denn, jemand erklärt den anderen, was es bedeutet, damit die ganze Gemeinde dadurch ermutigt wird. Liebe Brüder, wenn ich käme und in einer anderen Sprache zu euch redete, was würde euch das nützen? Wenn ich für euch jedoch eine Offenbarung oder eine besondere Erkenntnis oder eine Prophetie oder eine Lehre hätte, dann würde euch das helfen. (1. Kor 14, 1-6; NL)

Paulus ermahnt uns im Römerbrief, dass wir als einzelne Körperteile wichtige und besondere Aufgaben übernehmen und dafür die passende Gnadengabe gemäß unserer uns verliehenen Gnade erhalten.

… wenn wir Weissagung (Prophetie) haben, [so sei sie] in Übereinstimmung mit dem Glauben; wenn wir einen Dienst haben, [so geschehe er] im Dienen; wer lehrt, [diene] in der Lehre; wer ermahnt, [diene] in der Ermahnung; wer gibt, gebe in Einfalt; wer vorsteht, tue es mit Eifer; wer Barmherzigkeit übt, mit Freudigkeit. (Römer 12, 6-8)

Jeder Nachfolger Jesu soll aber nicht seine Gnadengabe vernachlässigen (1. Tim 4, 14 ff), sondern er soll darauf achten, dass er die Gnadengaben sogar entfacht (2. Tim 1,6). Wir sollen einander mit der Gnadengabe, die wir empfangen haben, dienen.

9.9 Was genau sind diese Gnadengaben?

9.9.1 Das Wort der Weisheit schenkt uns die Fähigkeit Gottes Willen zu erkennen und anhand des Wortes Gottes Rat und Hilfe zu geben, d. h. Seelsorge zu leisten.

9.9.2 Das Wort der Erkenntnis bildet die Grundlage für Christen, die lehren und predigen. Das Wort der Erkenntnis begabt die Gläubigen die Bedeutung von Gottes Offenbarungen zu erfassen und zu entschlüsseln. Die Gabe des Glaubens beinhaltet ein ganz besonderes Maß an Gottvertrauen. In der Apostelgeschichte 27, 22-24 zeigt sich dieser Glaube bei Paulus, denn als er mit einem Schiff mitsamt der Besatzung unterzugehen droht, glaubt er fest daran, dass alle gerettet werden und es geschah dann auch so. Er gab allen Hoffnung und verbreitete Sicherheit.

9.9.3 Die Gabe der Heilung zeigt sich, wenn jemand, der wie alle anderen Christen auch, um Heilung für Kranke betet und dann in besonderer Weise Erhörung seiner Gebete erfährt.

9.9.4 Die Gabe der Wunderkräfte wird, so wie damals bei Jesus, der viele Wunder vollbracht hat, auch bei uns Christen sichtbar. Hierbei kann es sich auch um Totenauferweckungen, Dämonenaustreibungen u.a. handeln.

9.9.5 Das prophetisches Reden bzw. die Weissagung bedeutet, dass derjenige das ausspricht, was Gott ihm in seinen Sinn und in sein Herz gelegt hat. Sie ist eine freie Übertragung, was der Heilige Geist der Person eingibt und verdeutlicht. Man spricht auch oft von: „Ich habe den Eindruck …". Dieser Eindruck muss anhand der Bibel und mit Hilfe der Gemeindeleiter überprüft werden. Es geht nicht darum, etwas über die Zukunft zu erfahren. Paulus empfiehlt deshalb:

Wer aber prophetisch redet, der redet den Menschen zur Erbauung und zur Ermahnung und zur Tröstung. (1. Korinther 14,3)

Die Weissagung dient also auch der Seelsorge. Gott möchte uns, seinen geliebten Kindern, seelsorgerlich unterstützen. Durch ein Wort der Prophetie können wir ermutigt und gestärkt werden.

9.9.6 Die Gabe der Geisterunterscheidung hilft uns bei der Überprüfung und der Beurteilung echter und falscher Lehren, aber wir können mit ihr auch das Verhalten und Auftreten von Menschen in einer Zeit mit vielen verschiedenen religiösen Strömungen und Irrlehren auseinanderhalten.

9.9.7 Die Gabe der Zungen- oder Sprachenrede dient der Auferbauung der eigenen Person und wird meist während des Betens eingesetzt. Gott möchte, dass wir ihn nicht nur mit unserem Verstand anbeten, sondern freut sich, wenn wir ihn mit unserem Geist anbeten und das Gebet einfach so fließen lassen. Wir beten dann oft Geheimnisse, besondere göttliche Botschaften.

Wie soll es denn nun sein? Ich will beten mit dem Geist und will auch beten mit dem Verstand; ich will Psalmen singen mit dem Geist und will auch Psalmen singen mit dem Verstand.
(1. Kor 14, 15)

9.10 Die Dienstgaben des Geistes

Paulus erklärt uns die Dienstgaben mit denen uns Gott beschenkt und ausstattet.

Und haben verschiedene Gaben nach der Gnade, die uns gegeben ist. Ist jemand <u>prophetische</u> Rede gegeben, so übe er sie dem Glauben gemäß. Ist jemand ein <u>Amt</u> gegeben, so diene er. Ist jemand <u>Lehre</u> gegeben, so lehre er. Ist jemand <u>Ermahnung</u> gegeben, so ermahne er. Gibt jemand, so <u>gebe</u> er mit lauterem Sinn. <u>Steht</u> jemand der Gemeinde <u>vor</u>, so sei er sorgfältig. Übt jemand <u>Barmherzigkeit</u>, so tue er's gern. (Römer 12, 6-8)

Diese Dienstgaben und die obengenannten Gnadengaben sind besonders gefragt, wenn Gott eine Person in ein Amt oder in einen besonderen Dienst beruft.

9.11 Der fünffältige Dienst

Diese fünf Ämter sind auch als der fünffältige Dienst bekannt. Er setzt sich aus den Aposteln, Propheten, Evangelisten, Hirten (Pastoren oder Gemeindeleitern) und Lehrern zusammen. Sie dienen der Gemeinde zur Ermutigung und Stärkung. Alle fünf Ämter tragen zum Gemeindewachstum bei und werden von Gott selber berufen.

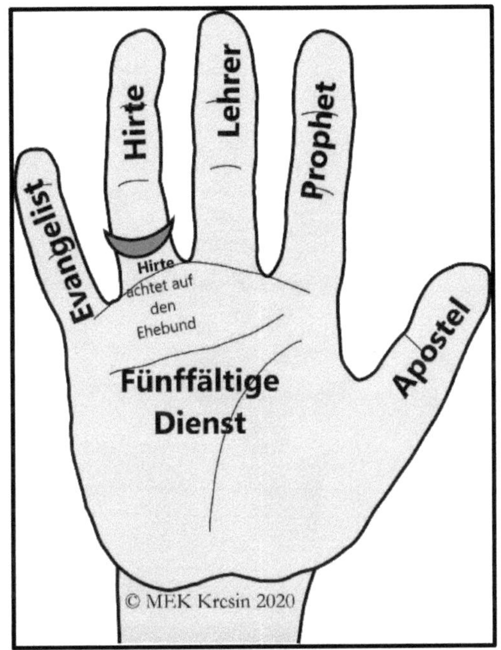

Abbildung 6: Fünffältiger Dienst

Und er hat einige als <u>Apostel</u> eingesetzt, einige als <u>Propheten</u>, einige als <u>Evangelisten</u>, einige als <u>Hirten</u> und <u>Lehrer</u>, damit die Heiligen zugerüstet werden zum Werk des Dienstes. Dadurch soll der Leib Christi erbaut werden, bis wir alle hingelangen zur Einheit des Glaubens und der Erkenntnis des Sohnes Gottes, zum vollendeten Mann, zum vollen Maß der Fülle Christi, damit wir nicht mehr unmündig seien und uns von jedem Wind einer Lehre bewegen und umhertreiben lassen durch trügerisches Spiel der Menschen, mit dem sie uns arglistig verführen. (Eph 4,11-14)

Einen Gemeindebau können wir mit dem Säen, Pflanzen und Wachsen eines Baumes zu vergleichen. Ein gut gepflegter und versorgter Baum wird gute Ernte einbringen. Die Früchte werden saftig und frisch sein.

115

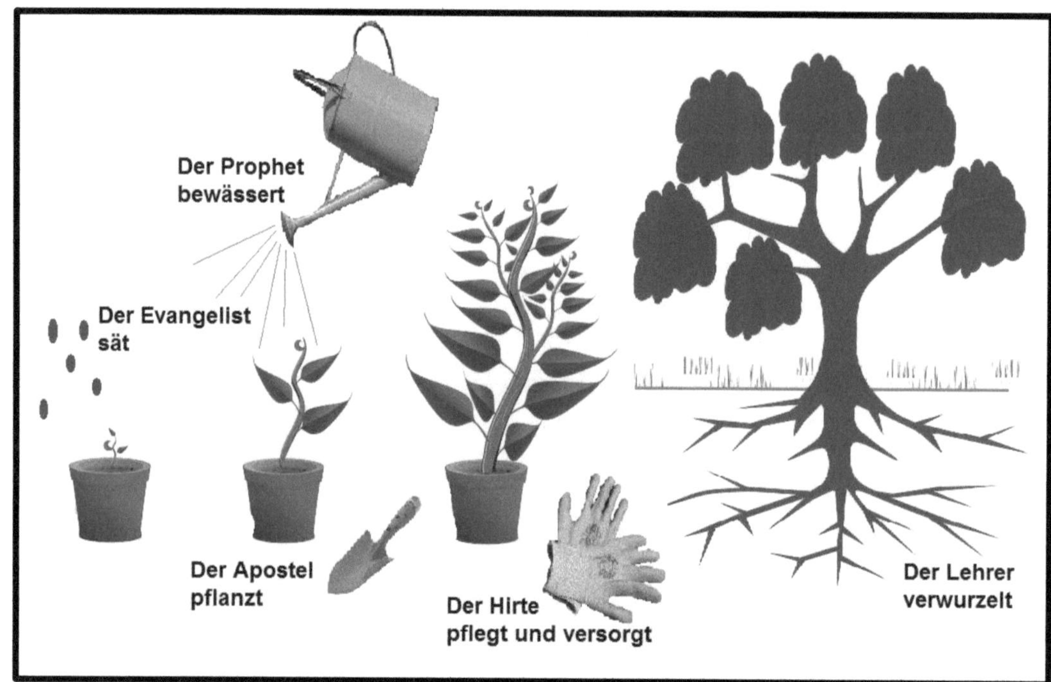

Abbildung 7: Der Gemeindebau

9.11.1 Die Apostel pflanzen und gründen meist die Gemeinde. Auf dem Bild mit der Hand (Abb. 5) stellen sie den (grünen) Daumen. Sie festigen den Anfangsglauben, denn Apostel sind Gesandte (griech. Apostolos), man könnte sie auch Missionare oder Botschafter nennen. Sie sind nicht auf eine einzelne Gemeinde fixiert, sondern sehen in die Weite und haben eine Vision für ein ganzes Gebiet. Die Apostel wollen Gottes Herrlichkeit auf Erden aufrichten. Oft treiben sie den Glauben in eine bestimmte Richtung. Das Amt des Apostels sieht vor die Herrlichkeit Gottes auf Erden auf zu richten.

Apostel arbeiten oft übergemeindlich und wollen das Evangelium auf der ganzen Erde ausbreiten und überall neue Gemeinden gründen. Auch die Einheit des gesamten Leibes Christi ist ihnen ein Anliegen.

116

Zu Pfingsten wurden 120 Jünger und Jüngerin mit Gottes Geist zugerüstet. Jesus engsten Jünger und Paulus sind wohl die bekanntesten Apostel.

9.11.2 Der Prophet bewässert die Gemeinde. Er ermutigt die Gemeindemitglieder. Ein Prophet hat die Aufgabe Glauben und Hoffnung zu wecken und sollte besonders in schwierigen Zeiten eine wichtige Stütze für die Gemeinde sein. Ein Prophet ist ein Mensch, der im Auftrag Gottes empfangene Botschaften weitergibt und er zeigt auf (Zeigefinger abb5), welche Absichten Gott hat, was Gott plant und motiviert die Gemeindegeschwister. Er spendet Trost und steht als Mittler zwischen Gott und den Gläubigen. Der Prophet erhält aber auch Offenbarungen über die Gemeinde, deren inneren Zustand und darüber, was Gott mit ihr tun möchte. So bereitet er oder sie die Gemeinde und vor allem deren Leiter auf das kommende Geschehen vor. Der Prophet arbeitet eng mit dem Apostel zusammen. Er hilft mit, die Vision des Apostels umzusetzen und ist dafür verantwortlich, dass Ort, Zeitpunkt und Strategie mit Gottes Plänen übereinstimmen.

Der Prophet muss deshalb oft Mahnungen aussprechen. Johannes, der Täufer, war ein Prophet zu Jesus Zeiten. Er rief zur Buße und Umkehr auf und bereitet den Weg für Jesus. Heute gibt es viele Propheten, die genau dieses tun.

Im Alten Testament lesen wir von großen und kleinen Propheten. Sie spielen auch heute noch eine große Rolle in unserem Glauben, denn noch sind nicht alle Prophetien erfüllt.

Der Prophet Joel verkündete, dass es in der Endzeit (also jetzt) viele Propheten geben wird, die weissagen werden, weil sie Träume und Visionen haben:

Und nach diesem wird es geschehen, dass Ich Meinen Geist ausgieße über alles Fleisch; und eure Söhne und eure Töchter werden weissagen, eure Ältesten werden Träume haben, eure jungen Männer werden Gesichte sehen (Joel 3,1)

Achtung! Wir finden heutzutage, wie uns Jesus schon angekündigt hatte, sehr viele falsche Propheten. Der Falsche Prophet aus der Offenbarung 13 ist auch schon aktiv und deshalb müssen wir die Botschaften oder Prophetien <u>immer</u> anhand des Wortes (der Bibel) oder anhand zweier Zeugen überprüfen.

9.11.3 Der Lehrer verwurzelt den Glauben, d.h. er lehrt die Geschwister und festigt ihren Glauben. Der Lehrer ist ein Mann, bzw. eine Frau des Wortes. Er bringt den Gemeindemitgliedern das Wort näher. Er versucht es ihnen, so verständlich wie möglich zu übermitteln und achtet darauf, dass beim Weitergeben der Lehre die Bibel möglichst exakt zu Worte kommt. Der Lehrer bringt Stabilität in den Glauben.

Jesus war der beste Lehrer (Rabbi, Meister) der damaligen Zeit. Lehrer sind Nachfolger Jesu, die besonders begabt sind, auch komplizierte Fragen anschaulich und verständlich zu beantworten und Zusammenhänge zu verdeutlichen (Jakobus 3,1).

Da wir Menschen leicht Fehler machen, versucht der Lehrer keine neuen Lehren auf zu stellen, sondern er klärt umstrittene Fragen anhand der Bibel, nimmt Stellung zu neuen Bewegungen und zeigt Gefahren oder Grenzen auf. Ein guter Lehrer sollte bereit sein, neue Einblicke in die Wahrheit zu empfangen und willig sein, wenn er etwas Falsches lehrt, sich belehren zu lassen. Dafür muss der Lehrer stets demütig sein und auch bereit sein, seine Lehre hinterfragen zu lassen.

Ein Lehrer möchte, dass seine Schüler selber fähig werden Erkenntnisse aus dem Wort zu schöpfen. Er möchte seinen Schülern nicht nur Wissen vermitteln, sondern in ihnen die Liebe zur Wahrheit und die Liebe zum Wort Gottes wecken und ihnen Handwerkzeuge (wie z.B. dieses Buch) zur Verfügung stellen. Er möchte, dass die jungen Gläubigen nicht nur „Milch" zu sich nehmen, sondern sich irgendwann auch von „fester Speise" oder gar „Vollkornbrot" ernähren.

Das Ziel des Lehrers ist, der Gemeinde und den einzelnen Menschen zu Wachstum und Stabilität zu verhelfen.

9.11.4 Der Hirte pflegt und versorgt die Gemeindemitglieder. Oft ist der Pastor einer Gemeinde der Hirte, aber es gibt viele Glaubensväter und Glaubensmütter, die die Gemeinde umsorgen und zusammenhalten. Hirten sorgen dafür, dass der

Bund Gottes mit seinem Volk - hierzu gehören auch die Nachfolger Jesu - beachtet und eingehalten wird. Das Zeichen des Eheringes (Abb. 5) soll ein Bildnis für das sog. Eheversprechen wiederspiegeln.

Wie jeder gute Schafhirte, geht er der Herde, d.h. seiner Gemeinde voran ohne die Gemeinde aus den Augen zu verlieren. Der Hirte kümmert sich um einzelne Menschen und kleine überschaubare Gruppen. Ein Hirte ist ortsgebunden. Ein Hirte sorgt sich um seine Gemeinde und setzt sich für seine Gemeinde ein. Hirten sind Christen, die besonders begabt sind, sich der zurzeit Schwachen, Traurigen, Mutlosen anzunehmen. Sie trösten, bauen auf, helfen, hören zu, ermutigen und zeigen Verständnis.

Der Dienst eines Hirten ist vielschichtig. Er sorgt dafür, dass seine Schafe, die Gemeinde, genügend Nahrung anhand der regelmäßigen Predigten bekommen. Dann achtet er darauf, dass sich keine Irrlehren in seine Gemeinde einschleichen, d.h. er achtet z.B. ebenso darauf, dass die Hauskreisleiter nicht über die Stränge schlagen oder dass in Gesprächen falsche Informationen einfließen. Der Hirte sorgt für Gemeindezucht und sorgt aber auf der anderen Seite auch, dass Seelsorge und Beichte stattfinden kann. Dann kümmert er sich zusätzlich auch um die finanzielle Seite der Gemeinde. Hierfür stehen ihm meist Gemeindeälteste oder Presbyter zur Seite.

Der Dienst des Hirten ist ortsgebunden, denn der Pastor will eine geistliche Familie gut versorgt wissen. Dem Pastor sind die einzelnen Menschen und ihre natürlichen und geistlichen Anliegen wichtig.

9.11.5 Der Evangelist sät den Glauben. Er verkündigt die Sieges- und Freudenbotschaft vom Reich Gottes und von der Erlösung durch unseren Retter Jesus Christus. Ein Evangelist ist derjenige, der meist den ersten Kontakt zu Nichtchristen hat. Sein Herz schlägt für die Ungläubigen; nichts ist ihm wichtiger, als dass Menschen gerettet werden. Er tritt vor kleinen und großen Menschenmengen auf und er baut sehr schnellen Kontakt zu den Nichtchristen auf und versteht es das Evangelium vom Reich Gottes verständlich weiter zu geben. Sein Herz brennt für die Menschen, die noch nicht errettet sind. Er spürt ihre Verlorenheit, ihre Sehnsucht und kann diese ansprechen. Ein Evangelist geht liebend gern in neue Gebiete vor allem aber dorthin, wo sonst niemand hingehen würde, und führt dort Menschen zum Glauben.

Ein Evangelist hat sehr große Aussage- und Zeugniskraft. Sein Dienst wird manchmal von besonderen charismatischen Zeichen begleitet. Die Wunder und Heilungen geschehen mit Gottes Hilfe und mit der Kraft des Heiligen Geistes in Jesu Namen. Sie bestätigen das, was der Evangelist verkündet.

Seine Aussagen sind deutlich und klar. Kühn und mit voller Überzeugung führt der Evangelist die Menschen zum Glauben an Jesus Christus und arbeitet dabei meist mit den anderen Diensten zusammen (Apostelgeschichte 8, 26-40). Die Pastoren der Ortsansässigen Gemeinden sind bei der Veranstaltung möglichst gegenwärtig, damit sie die Neubekehrten möglichst schnell weiter begleiten können.

Häufig erfahren Evangelisten, dass sie zur richtigen Zeit am richtigen Ort sind, um bestimmten Menschen zu begegnen.

9.12 Das Ziel des fünffältigen Dienstes

Die fünf Dienste haben zur Aufgabe die Gläubigen zu zurüsten. Den Gläubigen soll Wissen vermittelt werden. Außerdem werden die Nachfolger Christi trainiert ein Teil der Gemeinde zu sein. Als Christen stehen wir in dem Kampf mit Satan, unseres Erzfeindes. Wir können nur gegen ihn kämpfen, wenn wir wie richtige Soldaten ausgebildet sind. Ohne das nötige Wissen und Know-how stehen wir auf verlorenem Posten. Gemeinsam sind wir stark.

Wir lesen: **… Er hat etliche als Apostel gegeben, etliche als Propheten, etliche als Evangelisten, etliche als Hirten und Lehrer, zur Zurüstung der Heiligen, für das Werk des Dienstes, für die Erbauung des Leibes des Christus, bis wir alle zur Einheit des Glaubens und der Erkenntnis des Sohnes Gottes gelangen, zur vollkommenen Mannesreife, zum Maß der vollen Größe des Christus (Eph 4, 12-13)**

Zusammenfassend kann man sagen, dass Apostel, Propheten, Lehrer, Hirten und Evangelisten nicht nur ihre dienstspezifischen Aufgaben, haben, sondern sie wollen die Gläubigen anleiten, dem Leib Christi zu dienen. Ihre übergreifenden Ziele sind:
• Die Ausrüstung der Heiligen
• Die Erbauung der Gemeinde Christi
• Einheit des Glaubens
• Erkenntnis des Sohnes Gottes
• Mündigkeit der Gläubigen

Gott möchte, dass die Gemeinde Jesu stark wird und gesund wächst. Die fünf Ämter dienen der Gemeinde zur Ermutigung und Stärkung. Ohne diese Unterstützung leidet die Gemeinde.

Zu dem fünffältigen Dienst hat Gott auch den Dienst der Ältesten, die eine Gemeinde zu mehreren verantwortlich leiten, und die Diakone, die praktisch unterstützen, eingeführt.

9.13 Die Gemeinde Ältesten

Petrus schreibt in seinem Brief:

Die Ältesten, die unter euch sind, ermahne ich als Mitältester und Zeuge der Leiden des Christus, aber auch als Teilhaber der Herrlichkeit, die geoffenbart werden soll: Hütet die Herde Gottes bei euch, indem ihr nicht gezwungen, sondern freiwillig Aufsicht übt, nicht nach schändlichem Gewinn strebend, sondern mit Hingabe, nicht als solche, die über das ihnen Zugewiesene herrschen, sondern indem ihr Vorbilder der Herde seid! Dann werdet ihr auch, wenn der oberste Hirte offenbar wird, den unverwelklichen Ehrenkranz empfangen. (1. Petrus 5, 1-4)

Die Aufgaben der Ältesten bestehen vornehmlich in der Leitung und Führung der Gemeinde mit geistlicher Autorität und auf der Grundlage der Weisungen der Heiligen Schrift. Sie achten auf die Gemeinde (die Herde). Ihre wesentlichen Aufgaben sind die Gemeinde im Gebet zu begleiten und seelsorgerlich tätig sein. Sie tragen zusammen mit den Gemeindeleitern oder Pastoren die geistliche Verantwortung für das Gemeindeleben.

Älteste (Presbyter) in der Gemeinde sollten Erfahrung mitbringen, doch das Alter spielt jedoch keine große Rolle. Timotheus war z. B. sehr jung (1. Tim 4, 12), aber er war den **Gläubigen ein Vorbild im Wort, im Wandel, in der Liebe, im Geist, im Glauben, in der Keuschheit.**

9.13 Diakone

Diakone oder Diakoninnen waren ursprünglich Gehilfen der Apostel zur Verwaltung des gemeinsamen Vermögens und zur Leitung der gemeinsamen Mahlzeiten.

Die von Jesus erwählten Aposteln brauchten gerade in der Jerusalemer Urgemeinde Gehilfen zur Entlastung um ihren Auftrag zur Verbreitung der Lehre und der Versorgung der Armen gerecht zu werden.

9.14 Die geistliche Waffenrüstung

Paulus fordert die Epheser und damit auch uns auf, uns die geistliche Waffenrüstung anziehen zu lassen:

Zuletzt: Seid stark in dem Herrn und in der Macht seiner Stärke. Zieht an die Waffenrüstung Gottes, damit ihr bestehen könnt gegen die listigen Anschläge des Teufels. Denn wir haben nicht mit Fleisch und Blut zu kämpfen, sondern mit Mächtigen und Gewaltigen, nämlich mit den Herren der Welt, die in dieser Finsternis herrschen, mit den bösen Geistern unter dem Himmel. Deshalb ergreift die Waffenrüstung Gottes, damit ihr an dem bösen Tag Widerstand leisten und alles überwinden und das Feld behalten könnt. So steht nun fest, umgürtet an euren Lenden mit Wahrheit und angetan mit dem Panzer der Gerechtigkeit und an den Beinen gestiefelt, bereit einzutreten für das Evangelium des Friedens. Vor allen Dingen aber ergreift den Schild des Glaubens, mit dem ihr auslöschen könnt alle feurigen Pfeile des Bösen, und nehmt den Helm des Heils und das Schwert des Geistes, welches ist das Wort Gottes. Betet allezeit

mit Bitten und Flehen im Geist und wacht dazu mit aller Beharrlichkeit im Gebet für alle Heiligen. (Eph 6, 10-18)

Wenn wir an die römischen Soldaten denken, können wir die Gedanken, die Paulus über die geistliche Waffenrüstung hegte, verstehen. Wir wissen, dass wir uns in einem geistlichen Kampf befinden, doch weil Jesus Satan schon besiegt hat, brauchen wir uns nicht zu fürchten. Es ist gut sich vor zu bereiten und sich richtig zu kleiden. Ich zähle zur Ausrüstung aber auch die Unterwäsche der Liebe hinzu. Lasst uns die Liebe aus 1. Korinther 13 anziehen. Wir wollen uns vorbereiten in dem wir uns mit Glaube, Hoffnung und Liebe bekleiden, wobei die Liebe die größte unter ihnen ist.

Als Nächstes ziehen wir die Waffenrüstung an:

9.14.1 Den Gürtel der Wahrheit

Jesus ist **der Weg, die Wahrheit und das Leben. (Johannes 14, 6)** Er deckt Lügen auf und ich vertraue auf ihn. Wir werden **die Wahrheit erkennen, und die Wahrheit wird uns frei machen. (Johannes 8, 32)**. Wir sollen in dieser Wahrheit leben. Früher war der Gürtel ein sehr wichtiges Kleidungsstück, denn es hielt die Kleidung der Soldaten zusammen. Wir sollen die Wahrheit nicht nur kennen, sondern sie immer tragen und in ihr eingehüllt sind. Der Gürtel hielt aber auch die Scheide des Schwertes. Es musste schnell gezogen werden können. Manche Christen besitzen das Schwert des Wort Gottes, d.h. sie sind Bibelfest, doch haben sie manchmal den Gürtel der Wahrheit nicht umgelegt und dann fassen sie waghalsige und gefährliche Schlüsse.

Der Gürtel weist aber auch auf einen Dienst oder ein Amt hin. Ohne den Gürtel wird unsere Kleidung nicht festgehalten. Auch die Soldaten und Kämpfer Jesus benötigen einen Gürtel um im geistlichen Kampf bestehen zu können. Der Gürtel muss mit Wahrheit bestückt sein.

9.14.2 Den Panzer der Gerechtigkeit

Jesus ist unsere Gerechtigkeit, denn er hat uns gerecht gemacht durch seinen Tod am Kreuz. Jetzt haben wir Zugang zu Gott, dem Vater. Das Wissen um diese Gerechtigkeit schützt uns. Der Brustpanzer schützt unsere lebenswichtigen Organe und unsere Seele vor tödlichen Verletzungen. Der Panzer war meist ein solides Metallstück, aber es gab auch netzartige Metallgeflechte, die als Panzer dienten.

9.14.3 Die Stiefel der Bereitschaft, den Frieden zu verkünden.

Jesus war nicht nur bereit ein Leben in Frieden zu leben, sondern er war sogar bereit für den Frieden am Kreuz für unsere Schuld zu sterben. Auch wir wollen uns vorbereiten; unsere Stiefel anziehen um die gute Botschaft des Friedens und des Königreiches Gottes mit Weisheit und in Liebe weiter zu geben. Lasst uns das Land für und mit Jeschua, unserem Retter, einnehmen.

9.14 4. Das Schild des Glaubens

Wir sollen den Schild ergreifen um damit die Pfeile des Bösen ab zu wehren. Auch wenn unser Glauben klein und menschlich ist, dürfen wir uns darauf verlassen, dass Jesus durch sein Blut unser Schutzschild ist. Das Schild unsere erste Verteidigungswaffe gegen Satan.

9.14.5 Den Helm des Heils

In der Schlacht ist es äußerst wichtig, dass wir unseren Kopf schützen. Der Helm, der uns schützt, ist die Gewissheit, dass Jesus Christus, unser Retter ist. Es ist wichtig, den Helm des Heils fest zu zurren, damit unsere Gedanken und auch unsere Seele beschützt werden.

9.14.6 Das Schwert des Geistes

Das Schwert des Geistes ist das Wort Gottes. Es ist ein zweischneidiges Schwert, d.h. es kann nicht nur den Feind treffen, sondern kann auch uns direkt treffen. Wir müssen uns bewusst machen, dass wir Gottes Wort richtig und wahrheitsgemäß einsetzen. Werdet Bibel fest. Wir dürfen darum bitten, dass uns Gott das richtige Wort zur rechten Zeit schenkt.

9.14.7 Die Lanze des Gebetes

Die Lanze ist die Waffe des Gebets. Sie wird nicht ausdrücklich erwähnt, doch ist es die Waffe, die bis kurz vor dem Kampf nach oben gerichtet ist. Sie ist die Waffe des Gebets. Wir bitten um Gottes Geleit und Schutz während des Kampfes. Es geht hier auch um die innere Haltung, die durch das anhaltende Gebet sich positiv auf den Soldaten auswirkt. Wir können ständig im Gebet sein, indem wir unsere Gedanken immer auf Gott und Jesus ausgerichtet halten.

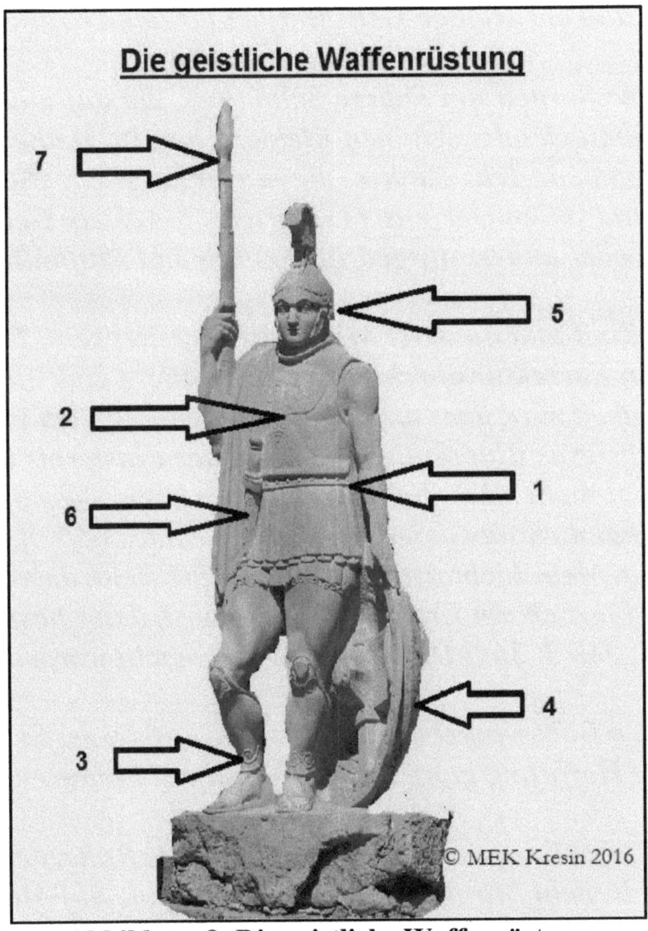

Abbildung 8: Die geistliche Waffenrüstung

10. Befiehl dem Herrn deine Wege

Mein Kind!

Du bist Mein geliebtes Kind. Ich habe so viel für dich vorbereitet, geplant und vorgesehen, doch noch liegt ein hartes Stück Arbeit vor dir. Pack diese Arbeit mutig und in Liebe an. Jesus erklärte euch damals, dass ihr einander lieben sollt, so wie er euch geliebt hat. Wandel auch du in diesen Fußstapfen. Jesus und der Heilige Geist werden dir immer zur Seite stehen.

Mache dir keine Sorgen um äußere Schönheit, die auf modischen Frisuren, teurem Schmuck oder schönen Kleidern beruht. Deine Schönheit soll von innen kommen. Ich schätze die unvergängliche Schönheit eines freundlichen und stillen Herzens. (1. Petrus 3, 3-4) Dein Geist soll still und zurückhaltend oder anders ausgedrückt ruhig und sanftmütig sein.

Du bist Mein Kind und du wirst Mir gleichgestaltet sein. Dafür musst du noch einiges an Korrektur durchlaufen. Ich fordere dich auf, werde Licht. Meine Herrlichkeit wird über dir aufgehen, wenn du dich verändern lässt. Lass dich durch Jesus Blut reinigen und von der Finsternis befreien. Satan hat keine Macht mehr über dich. Du musst wissen, dass Jeschua jetzt in dir wohnt. Er hat dich aus den Klauen des Feindes befreit. Nun trete aus der Finsternis in Mein Licht. Du weißt doch, dass wenn du an Jesus glaubst und an was er für dich am Kreuz vollbracht hast, dann hast du ewiges Leben. (Jes 60, 1; Joh 3, 36a) Du bist gerecht gemacht worden.

Du musst deinen Blickwinkel ändern. Schaue auf Jesus. Er ist der Schlüssel. Setze deine Hoffnung ganz auf Jesus und auf Meine ewige Liebe.

Ich werde eine feste Burg um dich bauen. Bewahre Ruhe, denn in der Ruhe liegt die Kraft. Befiehl Mir deine Wege und vertraue auf Mich, so wirst du es vollbringen. Ich werde Meine Gerechtigkeit über dir aufgehen lassen, wie das Licht und dein Recht, wie den hellen Mittag. Sei ruhig in Meiner Gegenwart und warte, bis Ich eingreife. Warte auf Mich und befolge Meine Torah, dann werde Ich dich ehren und dir das Land schenken und du wirst sehen, wie die Gottlosen vernichtet werden.

Ich helfe denen, die Mir vertrauen. Ich bin deine Zuflucht in Zeiten der Not. (Off 1, 17-18 Ps 37, 5.7 Ps 37, 34.39) Nichts kann dich mehr von Meiner unerschöpflichen Liebe trennen, nicht einmal der Tod. Du bist errettet und erkauft mit dem kostbaren Blut Meines Sohnes.

Mein Kind, du bist oft von Meinem Weg abgewichen. Es gibt viele Kreuzungen in deinem Leben. An jeder Kreuzung musst du eine Entscheidung treffen. Vor dir liegen Prüfungen oder Versuchungen. Mancher Weg erscheint dir zu steil, zu kurvig, zu eng, zu schwierig und du entscheidest dich dann oft für den einfachen und breiten Weg, der aber nicht der richtige Weg ist. Er führt dich in ein Leben, welches Mir nicht gefällt. Es ist ein Leben, das nicht mich, sondern die Welt verherrlicht. Ihr Menschenkinder liebt Spannung und Abenteuer. Ihr strebt nach Macht und Reichtum. Sexuelle Vergnügungen gehören oft genauso dazu. Manchmal beginnt ihr Götzen zu verehren. Euer Leben wird verunreinigt.

Kehre um vom falschen Weg, tue Buße. Finde zurück zu Mir, finde zurück zu deiner ersten Liebe. Ich werde dich mit offenen Armen aufnehmen. Danach werde Ich dich aber baden und reinigen. Du wirst eine Tiefenreinigung unterziehen. Jedes Dreckteilchen muss aus dir entfernt werden. Du wirst im Feuer geprüft und geläutert werden.

Mein Kind, wenn du geläutert bist, wirst du dich von Herzen freuen. Vor dir liegt eine große Freude, auch wenn du für eine Weile viele Prüfungen erdulden musst. Dies dient nur dazu, deinen Glauben zu prüfen, damit sich zeigt, ob er wirklich stark und rein ist. Dein Glaube wird erprobt, so wie

Gold im Feuer geprüft und geläutert wird - und dein Glaube ist Mir sehr viel kostbarer als bloßes Gold.

Wenn dein Glaube also stark bleibt, nachdem er durch große Schwierigkeiten geprüft wurde, wird der Glaube euch viel Lob, Herrlichkeit und Ehre einbringen an dem Tag, an dem Jesus Christus der ganzen Welt offenbart werden wird. Und Ich werde sagen können: Siehe, Ich habe dich geläutert, aber nicht im Silberschmelzofen, sondern im Schmelzofen des Elends habe Ich dich geprüft. (1. Petrus 6-7; Jes 48, 10)

Wenn Ich in deinem Leben Dornen und Disteln fände, so würde Ich im Kampf darauf losgehen und sie allesamt verbrennen! Suche Schutz bei Mir und suche Frieden mit Mir. Denke nicht an weltliche Angelegenheiten, sondern konzentriere dich auf Mich! (Jes 27,4-5; Kol 3, 2) Richte deine Gedanken auf Mich und nicht auf das, was die irdische Welt zu bieten hat.

Du bist mit Christus gestorben und damit bist du auch dieser Welt mit ihren vielen Verführungen und Verlockungen gestorben. Betrachte die Welt mit Meinen Augen und hänge dein Herz nicht an Vergängliches wie Reichtum, Macht, Erregung und Spannung oder sexuelle Vergnügungen. Bete keine fremden Götter an.

Jesus in dir gibt dir die Kraft für ihn und Mich zu leben. Er gibt dir die Hoffnung für die Zukunft. Erachte dich in Bezug auf sexuelle Unmoral, Unreinheit, Lust, schändliche Begierden und Habgier für tot und unempfänglich. Er wird diese Dinge wie abgestorbene Äste oder wie Dornen und Disteln beseitigen, bevor sie dich zerstören. Mache dir täglich bewusst alles aus deinem Leben zu räumen, was dich auf dem Weg der Begierden führt. Lebe mit der Kraft des Heiligen Geistes.

Dies sind heute sehr harte Worte, aber Mein Kind denke daran, Ich bin heilig und rein und Ich erlaube nur geheiligte und gereinigte Wesen in

Meine Gegenwart. Unterziehe dich dieser Tiefenreinigung, damit Ich dir deinen weißen und reinen Mantel umlegen kann.

In Liebe
Dein Papa

10.1 Befiehl du deine Wege

Befiehl dem Herrn deinen Weg, und vertraue auf ihn, so wird er es vollbringen. (Psalm 37, 5)

Diesen Psalm schrieb König David. David wuchs als Hirtenjunge auf und war der jüngste Sohn Isais. Davids Lebensweg hatte viele Kreuzungen und Schwierigkeitsstufen. Er besaß ein kindliches Gottvertrauen. Seine Familie hielt nicht viel von ihm. Er war der jüngste Sohn und „nur" ein Hirtenjunge. Er wurde nicht ernstgenommen. Als Samuel, der Prophet, im Auftrag Gottes zu Davids Vater nach Bethlehem kam, um einen seiner Söhne zum König über Israel zu salben, dachte keiner daran, dass Gott gerade den kleinen David, der die Schafe hütete, dazu auserkoren hatte, König zu werden. Doch gerade weil David Gott so sehr vertraute und ihn über alle Maße liebte, befahl Gott ihm seine Wege an.

Nach der Salbung zum König dauerte es jedoch sehr lange, bis David zum König gekrönt wurde. Er musste sich erst beweisen, wie z.B. in dem Kampf gegen den Riesen Goliath. David verließ sich darauf, dass der Gott Israels auf seiner Seite war. In Davids Herzen brannte die Liebe zu Gott und als er hörte wie die Philister seinen Gott, den Gott seiner Urgroßväter Abraham, Isaak und Jakob verspotteten, trat er den Kampf gegen Goliath mit einer Hirtenschleuder und Gottvertrauen an. Er wollte den Gotteslästerern beweisen, dass der Gott Israels lebt.

Der gottesfürchtige David ließ sich von nichts beirren. Trotz vieler Schwierigkeiten ging David freudig seinen Weg mit dem Herrn. Gott verhalf ihm zu vielen Siegen. Es spielte keine Rolle, dass er Hirtenjunge war und keine Ausbildung genossen hatte. Seine Frau Michal, die Tochter Sauls, bejammerte jedoch, dass er keine Bildung genossen hatte. Die Königstochter konnte die Liebe Davids zu seinem Gott nicht verstehen. Gott strafte sie und sie blieb ihr Leben lang kinderlos, was damals eine große Schmach und Schande war.

David war gottesfürchtig. Er ließ sich seinen Glauben an den Gott Israels nicht nehmen. Er wurde deswegen oft belächelt, doch er befahl dem HERRN seine Wege an und hoffte auf ihn, dass Gott alles wohl machen würde.

Gott blieb bei ihm und verhalf ihm zu vielen Siegen. David fürchtete sich vor keiner Feindesmacht. Er wusste, dass Israel einen Gott hat, der hilft (Ps 68,21).

Auch uns wird Gott wunderbar führen und leiten. Wir sollten dabei beachten, dass David Gott Lob und Ehre gab, dass er nah am HERRN blieb. Er suchte die Nähe Gottes. Als Saul ihn jagte, vertraute er auf den HERRN. David vertraute auch dann Gott, als er vor seinem eigenen Sohn Absalom in die Wüste fliehen musste, weil dieser das Königreich an sich reißen wollte. Und Gott lenkte Davids Geschick.

10.2 Nicht immer gerade Wege

David war aber nicht fehlerfrei oder ohne Sünde. Auch er ließ sich verführen. Ein Beispiel davon ist der begangene Ehebruch, die daraus entstandenen Lügen und der veranlasste Mord eines seiner besten Soldaten:

Eines Tages sah er auf dem Nachbarshaus eine schöne Frau baden. David verliebte sich und wollte Batseba heiraten. Sie war aber bereits mit Urija, einem Soldaten aus Davids Heer, verheiratet. Trotzdem schlief David mit ihr und Batseba wurde schwanger. David war nun in einer Zwickmühle und verwickelte sich immer mehr in weitere Verstrickungen. Er rief den Ehemann vom Kampf zurück und lud ihn ein, doch seine Frau zu besuchen und sie glücklich zu machen. Urija jedoch, zog es vor, bei seinen Kameraden zu schlafen, denn für ihn galt: Pflicht geht vor. Als dieser Plan nicht gelang, beschloss David, Urija aus dem Weg zu räumen und schickte ihn an die vorderste Frontlinie seiner Krieger. Urija fiel, wie von David erwartet, im Kampf und

… nachdem die Trauerzeit vorüber war, schickte David nach Batseba und ließ sie in den Palast bringen. Sie wurde seine Frau und gebar ihm einen Sohn. Aber dem Herrn missfiel, was David getan hatte. (2. Sam 2,27; NL)

Gott schickte den Propheten Nathan zu David. Der König wurde wachgerüttelt und schämte sich, er bereute, was er getan hatte. David musste deswegen nicht sterben, doch ihm und seiner geliebten Batseba wurde der erste, gemeinsame Sohn genommen. Er starb wenige Tage nach der Geburt.

Gott hatte David auserwählt und ihn zum König ernannt und Gott hielt auch weiter daran fest. David sah sein Vergehen ein und bereute die Tat. Die Strafe für sein Vergehen war der Tod des Kindes. Dies mag für uns sehr grausam erscheinen. Gott ließ David und Batseba danach nicht fallen. Sie hatten um Vergebung gebeten und sie hatten den Weg zurück zu Gott gefunden. Gott vergab ihnen und Er gewährte ihnen, dass ihr nächster gemeinsame Sohn, Salomon, Davids Nachfolger wurde.

10.3 David: ein Mann nach Gottes Herzen

David liebte Gott und vertraute Gott und auch wenn er nicht ohne Fehler war, so er immer bereit, noch mehr für Gott zu tun. Wenn er auf dem falschen Weg geraten war, war er stets bereit Buße zu tun und zu JHWH um zu kehren. Dies ist auch für uns eine überaus wichtige Lehre.

Schon als Samuel David zum zukünftigen König salbte, können wir erkennen, dass es Gott nicht um das äußere Ansehen einer Person geht, sondern um die inneren Werte. Samuel dachte, als er den stattlichen Eliab sah: **„Sicher ist das der Gesalbte des Herrn!"** (1. Sam 16,6) Wir Menschen lassen uns schnell von Äußerlichkeiten, z.B. das Aussehen, das Auftreten, der Kleidung, dem Schmuck beeindrucken. Doch der Herr sprach zu Samuel:

Lass dich nicht von seinem Äußeren oder seiner Größe blenden, ich habe ihn nicht erwählt. Der Herr entscheidet nicht nach den Maßstäben der Menschen! Der Mensch urteilt nach dem, was er sieht, doch der Herr sieht ins Herz. (1. Sam 16,7)

Für Gott ist die innere Herzenshaltung eines Menschen, d. h. seine innerste Motivation und seine Einstellung zu Gott und zu seinem Nächsten, wichtig:

Ich will aber den ansehen, der demütig und zerbrochenen Geistes ist und der zittert vor Meinem Wort. (Jes 66, 2)

David, der gelernte Schafhirte, wusste was es hieß sich zu demütigen und Gott ganz und gar zu vertrauen. David wurde von Gott auserwählt und in das Amt des Königs durch Samuel gesalbt. Eine Salbung geschieht auch heute noch viele Jahre bevor der eigentliche Dienst (König, Apostel, Prophet usw.) beginnt, denn die Person muss erst durch Gottes Glaubensschule gehen.

David sollte in einigen Jahren eine Nation leiten und führen, doch vorher musste er eine Lehre im Haus des amtierenden Königs absolvieren. David kam erst als Musiker in das Sauls Palast. Er diente Saul trotz aller Widrigkeiten, Sauls Eifersuchtsattacken und Wutanfällen. Saul versuchte mehrmals, David zu töten. Es gelang ihm jedoch nicht. Als sich die Umstände nicht besserten, sah sich David dazu gezwungen, vor Saul zu fliehen. Er überlebte mit einigen seiner Anhänger als Ausgestoßener in den Bergen. Trotz aller Schwierigkeiten nutzte Gott die Zeit, in der David sich vor Saul verstecken musste, um David Vieles zu lehren. Durch die Ängste und die Herausforderungen, die David erlebte, entwickelte er ein noch stärkeres Vertrauen in Gott.

Wenn wir alle Schwierigkeiten, Sünden und Fehler Davids betrachten, fragen wir uns vielleicht, warum Gott immer noch zu ihm hielt. Wichtig ist zu wissen, dass David sich trotz aller Fehltritte (außereheliche Liebe bzw. der Ehebruch mit Batseba und der veranlasste Mord an Urija) immer noch von ganzem Herzen darum bemühte, Gottes Willen zu tun. David gab nicht auf und war sich seiner Verantwortungen bewusst. David stand nach jedem Fall wieder auf, und bemühte sich sein Bestes zu geben. Durch die durchlebten Schwierigkeiten Davids, wuchs seine Kraft und sein guter Charakter wurde größer. David blieb Gott stets treu. Paulus schrieb in der Apostelgeschichte **(Apg 13,22)**, dass **David ein Mann nach Gottes eigenem Herzen** war. Davids demütige Einstellung half ihm, Gottes Vorhaben mit den Menschen zu verstehen.

10.4 Ändere deinen Blickwinkel

Wir sehen oft oder meistens nur auf das Äußere oder die äußeren Umstände. Uns imponiert Glanz und Gloria. Gott aber richtet den Blick auf unser Herz und auf unsere innere Gesinnung. Petrus schreibt, dass

... der verborgene Mensch des Herzens in dem unvergänglichen Schmuck eines sanften und stillen Geistes, der vor Gott sehr kostbar ist. (1. Pet 3, 4)

Unsere Schönheit soll von innen kommen. Es geht um die unvergängliche Schönheit eines freundlichen und stillen Herzens. Wir sollen auf Jesus schauen. Er ist der Schlüssel. Wie hat Jesus sich verhalten? Wie ist er aufgetreten? Was zeichnete ihn aus?

10.5 Der Schlüssel

Der Besitzer eines Schlüssels hat die Macht Türen oder Tore auf oder zu schließen. Der Schlüssel verleiht eine gewisse Macht und Autorität.

10.5.1 Der Schlüssel des Hauses Davids

Schon Jesaja prophezeite:

Ich will ihm auch den Schlüssel des Hauses Davids auf seine Schulter legen, so dass, wenn er öffnet, niemand zuschließen kann, und wenn er zuschließt, niemand öffnen kann. (Jes 22, 22)

In der Offenbarung wird das Tragen des „Schlüssels des Hauses Davids" mit der Macht und der Autorität von Jesus in Verbindung gebracht:

Und dem Engel der Gemeinde in Philadelphia schreibe: Das sagt der Heilige, der Wahrhaftige, der den Schlüssel Davids hat, der öffnet, so dass niemand zuschließt, und zuschließt, so dass niemand öffnet. (Off 3,7)

Maria (Mirjam), der Mutter Jesu, wurde über ihren Sohn vom Engel geweissagt:

Dieser wird groß sein und Sohn des Höchsten genannt werden; und Gott der Herr wird ihm den Thron seines Vaters David geben. (Luk 1, 32)

Jesus wird immer wieder in der Bibel als der Sohn Davids beschrieben und als solcher wird er auf Davids Thron sitzen und von Jerusalem aus als Messias regieren.

Von dort aus wird sich seine Herrschaft der Gerechtigkeit über die ganze Erde ausbreiten.

10.5.2 Der Schlüssel der Erkenntnis

Jesus vergleicht die Erkenntnis Gottes, die Erkenntnis seines Wortes und seiner Pläne mit einem Haus. Die Pharisäer und Schriftgelehrten hatten den Schlüssel in dieses Haus, doch sind sie nicht in dieses Haus hineingegangen. Um Erkenntnis Gottes zu erhalten, müssen wir voller Glauben, Demut und Gottesfurcht sein und handeln. Bei den Pharisäern wurde dies jedoch nicht sichtbar. Sie besaßen nur eine äußerliche Frömmigkeit und Jesus warnte sie:

Wehe euch Schriftgelehrten, dass ihr den Schlüssel der Erkenntnis weggenommen habt! Ihr selbst seid nicht hineingegangen, und die, welche hineingehen wollten, habt ihr daran gehindert! (Luk 11,52)

Die Schriftgelehrten und Pharisäer waren für sich selbst das Maß aller Dinge. Darum war ihnen auch nur an einer äußerlichen Religiosität gelegen. Sie verfügten über viel Wissen, doch sie handelten nicht danach.

Jesus hatte diesen Schlüssel der Erkenntnis und konnte sich dementsprechend verhalten. Auch wir müssen nach der Erkenntnis Gottes, nach diesem Schlüssel streben, damit wir in das Haus Gottes eintreten dürfen.

10.5.3 Die Schlüssel des Lebens

Jesus schließt das Leben auf. Das Wissen, das wir brauchen, um wirklich bei Gott anzukommen, ist bei ihm. Jesus sagte zu dem Apostel Johannes:

Fürchte dich nicht! Ich bin der Erste und der Letzte und der Lebende; und ich war tot, und siehe, ich lebe von Ewigkeit zu Ewigkeit, Amen! Und ich habe die Schlüssel des Totenreiches (Hades) und des Todes. (Off 1, 17b-18)

Jesus hat den Tod überwunden, indem er ohne Sünde gelebt hat, um uns den Weg zu zubereiten. Er war JHWH, seinem Vater, in allem treu. Jesus bewahrte Ruhe selbst im größten Sturm. Er verbrachte Zeit im Gebet mit dem Vater. Jesus tankte bei Gott auf und wartete auf Gott und blieb auf Seinem Weg. Jesus suchte nach der Erkenntnis Gottes und betrat auch dieses Haus der Erkenntnis. Jesus überließ dem HERRN die Führung seines Lebens und vertraute auf Gott, denn Jesus wusste, dass sein Vater es richtig machen würde(Ps 37,5.7, NL). Jesus blieb ruhig in der Gegenwart des Vaters und warte, bis dieser eingriff oder ihm zeigte, was er tun sollte. Jesus ärgerte sich nicht über die Bösen und fürchte sich nicht vor ihren bösen Plänen. Als die Männer die Ehebrecherin vor ihn brachten, damit er sie zum Tode verurteile, bewahrte er absolute Ruhe und sagte, wer ohne Sünde sei, dürfe den ersten Stein werfen (Joh 8,1-10). Genau wie Jesus sollen wir nicht vor der Zeit richten. Gott wird auch das **...im Finstern Verborgene ans Licht bringen und die Absichten der Herzen offenbar machen und dann wird jedem das Lob von Gott zuteilwerden. (1. Kor 4, 5)**

Jesus hoffte auf den HERRN und befolge Seine Gebote. Auch wir dürfen und sollen auf den HERRN harren und Seine Gebote befolgen, dann wird er uns ehren und uns das Land schenken und wir werden sehen, wie JHWH die Gottlosen vernichtet.

10.6 Eine feste Burg

Gott verspricht uns in dem Psalm 37 von David, dass **die Rettung der Gerechten von dem Herrn kommt; Er ist unsere Zuflucht zur Zeit der Drangsal.**

Wir dürfen also wissen, dass Gott denen hilft, die ihm vertrauen. Gott ist unsere Zuflucht in **Zeiten der Not** (Ps 37, 39). Wir brauchen uns nicht zu fürchten, auch **wenn auch die Erde umgekehrt wird und die Berge mitten ins Meer sinken.** (Ps 46, 3). Gott ist mitten unter uns. Er ist unsere **sichere Burg** (Ps 46, 8.12).

Martin Luther schrieb im 16. Jahrhundert das Kirchenlied: „Ein feste Burg ist unser Gott". In der Zeit des Protestantismus hatte es eine große Aussagekraft. Immer wieder wurde das Lied in Zeiten äußerer Bedrängnis oder zum Bekenntnis des eigenen

Glaubens gesungen und auch heute kann und soll es uns ermutigen. Es basiert auf Psalm 46 und es ist in den meisten kirchlichen Gesangbüchern zu finden.

Unser Gott kämpft für uns. Er ist unsere Wehr und unsere Waffe. Jesus Christus führt den Kampf an und er wird das Feld behalten. Gemeinsam mit Jesus werden wir es schaffen den listigen Feind (Satan) zu besiegen und ihm diese Erde ab zu nehmen, d.h. wieder in den Besitz der Menschen zurück zu gewinnen.

10.7 Der Weg, die Wahrheit und das Leben

In seiner sogenannten Abschiedsrede weist Jesus seine Nachfolger noch einmal darauf hin, dass er **„der Weg, die Wahrheit und das Leben" (Joh 14, 6a)** ist. Jesus macht mit diesem Satz klar, dass wer sich an ihm orientiert, den Weg bereits kennt, der zu Gott führt. Gott hat sich durch seinen Sohn gezeigt. Jesus hat uns gezeigt, was es heißt, auf Gottes Weg zu gehen und was es bedeutet, nach Gottes Wegweisung zu fragen. <u>Jesus ist unser Vorbild</u> und er <u>nimmt uns gerne mit auf dem richtigen Weg</u>.

Abbildung 9: Folge dem rechten Weg

10.8 Geläutertes Gold

Gold ist das beste Edelmetall. Es muss erst gewonnen werden, da es sich entweder in anderen Metallen, Erzen oder Steinen befindet und daraus befreit werden muss. Früher gab es drei bewährte Methoden um das edle Metall zu gewinnen bzw. zu veredeln, und jeder dieser Läuterungsprozesse besitzt einen interessanten geistlichen Bezug zu unserem Leben als Christ.

10.9 Goldwäsche

Als erstes wurde Gold gewaschen, d.h. das Gold wurde aus dem Wasser geborgen. Die Goldschürfer versuchten durch Schwenken und Schütteln, und mit viel Wasser das wertlose Gestein fortzuspülen und das schwere Gold heraus zu sieben. Wir können sagen, dass wir durch Erschütterungen in unserem Leben und durch den Heiligen Geist (Wasser) reingewaschen werden. Gott siebt sein Volk aus der Welt heraus.

...ihr seid abgewaschen, ihr seid geheiligt, ihr seid gerechtfertigt worden in dem Namen des Herrn Jesus und in dem Geist unseres Gottes! (1. Kor 6,11)

Mit dieser Methode konnte ungefähr die Hälfte des Goldes gewonnen werden. Viel Gold ging mit dieser Methode trotz aller Sorgfalt verloren.

10.10 Gewinnung mit Hilfe von Quecksilber

Eine weitere Goldgewinnungsart ist die Benutzung von Quecksilber. Da Quecksilber aber hoch giftig ist, wird diese Methode heutzutage nicht mehr verwendet. Damals wurde das Gold mit Quecksilber in Verbindung gebracht und dann löste sich das sonst so widerstandsfähige Gold in dem schon bei Raumtemperatur verflüssigten Quecksilber auf. Das Quecksilber und das Gold bildeten gemeinsam Goldamalgam. Wenn man dieses Amalgam bei großer Hitze (360°C) erwärmte, verdampfte das restliche Quecksilber und das Gold blieb zurück.

Man kann das Quecksilber mit der Sünde unseres Lebens vergleichen. Sünde vergiftet unser Leben und ist todbringend. Im Galaterbrief wird Sünde wie folgt beschrieben:

Ehebruch, Unzucht, Unreinheit, Zügellosigkeit; Götzendienst, Zauberei, Feindschaft, Streit, Eifersucht, Zorn, Selbstsucht, Zwietracht, Parteiungen; Neid, Mord, Trunkenheit, Gelage und dergleichen, wovon ich euch voraussage, wie ich schon zuvor gesagt habe, dass die, welche solche Dinge tun, das Reich Gottes nicht erben werden. (Gal 5, 19-21)

Wenn wir uns mit Sünde umgeben, müssen wir davon befreit werden. Dies kann nur durch Druck (das Gold wird mit dem Quecksilber durch das Leinentuch gepresst) und durch Hitze (beim Aufglühen verdampft das Quecksilber) geschehen. <u>Nur so kann die Sünde entweichen.</u>

10.11 Schmelzen

Bei der dritten Methode, dem Schmelzen von Gold, nimmt man das goldhaltige Gestein und zerkleinert es mit schwereren Maschinen. Schließlich wird es auch noch durch hämmern weiter zerkleinert. Danach werden die kleinen Gesteinsbröckchen bei 1063° Celsius erhitzt. Das Gold schmilzt dann aus dem Gestein heraus. Um wirklich reines Gold zu erhalten, muss die Prozedur mindestens dreimal wiederholt werden. Mit jedem einzelnen Schmelzprozess wird mehr Schmutz herausgefiltert, das Material wird reiner und wertvoller.

Gott lässt uns durch Feuerproben (Feuer des Heiligen Geistes) gehen. Die durchgestandenen Probleme, Widrigkeiten, Anfechtungen, Verfolgung bringen schließlich den geläuterten Gläubigen hervor.

Geliebte, lasst euch durch die unter euch entstandene Feuerprobe nicht befremden, als widerführe euch etwas Fremdartiges; sondern in dem Maß, wie ihr Anteil habt an den Leiden des Christus, freut euch, damit ihr euch auch bei der Offenbarung seiner Herrlichkeit jubelnd freuen könnt. (1. Petrus 4, 12-13)

Gott möchte, dass wir aus Material gefertigt sind, welches wertvoll und kostbar ist. Er möchte mit uns das himmlische Jerusalem bauen (Offenbarung 21).

10.12 Dornen und Disteln

Dornen wachsen meist dort wo schon Verwüstung stattfindet. Sie stechen und verletzen. Disteln werden als wertlose Pflanzen angesehen, die eigentlich nur im Weg sind und das Wachstum der guten Pflanzen hindern. Nach dem Sündenfall verflucht Gott den Erdboden wegen Adams Ungehorsam:

… so sei der Erdboden verflucht um deinetwillen! Mit Mühe sollst du dich davon nähren dein Leben lang; Dornen und Disteln soll er dir tragen, und du sollst das Gewächs des Feldes essen. (1. Mose 3, 17b-18)

Gott hat die Dornen und Disteln verordnet, nachdem die ersten Menschen von ihm abgefallen, d.h. in Sünde gefallen sind. Auf der einen Seite sind die Dornen und Disteln eine Strafe und die Arbeit wird durch sie anstrengend und mühsam. Auf der anderen Seite dienen die Dornen und Disteln als ein Mittel zum Heil. Im selben Atemzug wird uns schon im 1. Buch Mose der Erlöser verkündet,

… und Ich will Feindschaft setzen zwischen dir und der Frau, zwischen deinem Samen und ihrem Samen: Er wird dir den Kopf zertreten, und du wirst ihn in die Ferse (Hacke) stechen. (1. Mose 3,15)

Jesus wird der Schlange (Satan) den Kopf zertreten. Satan wird versuchen ihn zu töten, aber er wird dem Samen (Jesus) nur eine Verletzung zu fügen. Jesus riskierte sein Leben für uns. In Jesaja 27 finden wir folgende Verse:

An jenem Tag [wird man sagen]: Ein Weinberg von feurigen Weinen! Besingt ihn! Ich, der Herr, behüte ihn und bewässere ihn zu jeder Zeit; Ich bewache ihn Tag und Nacht, damit sich niemand an ihm vergreift. Zorn habe Ich keinen. Wenn Ich aber Dornen und Disteln darin fände, so würde Ich im Kampf darauf losgehen und sie allesamt verbrennen! (Jes 27, 2-4)

In diesen Versen wird uns verkündet, dass Gott seinen zertrampelten Weinberg auf seiner neuen Erde wieder instand setzen wird. Gott verspricht sein Volk (seine Kinder) zu schützen und zu pflegen. Er sagt aber auch, dass er jegliches Unkraut und alle Dornen vernichten wird. Die Feinde werden herausgerissen und verbrannt werden. Der Weinberg soll dann nur noch gute Frucht für die ganze Welt tragen. Der Vater ist der Weingärtner. Jesus ist der Weinstock und wir sind die Reben (Johannes 15,1 und 15,5).

Ich habe mir schon öfter die Frage gestellt, warum ich jetzt, wo ich doch Jesus nachfolge, immer noch mit Dornen und Disteln zu tun haben muss. Gott hätte doch alles Unkraut aus meinem Leben entfernen können. Meiner Meinung nach möchte Gott uns zähmen und uns demütig halten. Wir wollen vieles aus eigener Kraft schaffen. Jakob z.B. glaubte an Gott. Er war Gott treu und folgte ihm. Doch immer wieder versuchte er seinen Weg selber zu lenken und zu bahnen. Jakob wollte seine Probleme auf seine Art und Weise lösen. So kam es dann auch zu dem Kampf mit Gott. Hierbei wurde seine Hüfte beschädigt und er hinkte seitdem. (Die Hüfte galt bei den Hebräern als Zeichen der männlichen Kraft.)

Genau wie ein Kind, das hinfällt, lernt auf zu stehen und von neuem beginnt zu probieren, so lernen auch wir durch die widrigen Umstände unseres Lebens. Die Dornen und Disteln in unserem Leben prägen und formen uns und halten uns in der Abhängigkeit Gottes. Das Kind, das hinfällt, hat ein Ziel vor Augen: Es will laufen lernen. So brauchen auch wir ein Ziel, den richtigen Blick in die Zukunft. Wir leben in der Hoffnung auf das ewige Leben. Unser Ziel ist es Jesus nach zu folgen und unseren Blick sollte immer auf ihn gerichtet sein. Aus eigener Kraft können wir es nicht schaffen.

2015 schoss mein Blutdruck plötzlich und unerwartet in die Höhe. Ich hatte Herzschmerzen und wurde notfallmäßig im Klinikum eingeliefert. Die Ärzte wiesen auf einen Linksschenkelblock hin. Wieso musste so etwas geschehen? Ich verstand es nicht, denn drei Jahre zuvor hatte ich bei einem Glaubensseminar doch Heilung erfahren. Mein Blutdruck hatte sich nach dem Seminar normalisiert und ich hatte in Rücksprache mit meinen Ärzten meine Blutdrucksenker absetzen können. Wieso waren nun meine Blutdruckwerte wieder viel zu hoch? Gott aber sprach zu mir und erinnerte mich an Paulus Dorn im Fleisch. Paulus hatte besonders viele und großartige Erfahrungen. Er hatte viele geistliche Erkenntnisse und gerade, weil Paulus so besondere Erfahrungen, Offenbarungen und Erkenntnisse hatte, war er in Gefahr, sich zu rühmen und sich selbst zu erheben. Und so schrieb Paulus:

Darum, damit ich mich nicht überhebe, wurde mir ein Dorn für das Fleisch gegeben, ein Engel (Bote) Satans, dass er mich mit Fäusten schlage, damit ich mich nicht überhebe. (2. Kor 12, 7-8, Elb)

Gottes Liebe wird besonders darin sichtbar, dass er uns durch <u>Dornen und Disteln zur Selbsterkenntnis</u> führt und diese in uns wachsen lässt. So müssen wir manchmal auch Einschränkungen in den Kauf nehmen.

Manchmal erscheint uns ein Weg besonders schwer, dann kann es sein, dass wir Gottes Führung nicht richtig angenommen haben und Gott uns dann besonders eng führen muss.

Es ist wichtig, immer wieder unseren Blick auf Jesus zu richten. Er ist unser Vorbild. Im Philipperbrief lesen wir:

Denn ihr sollt so gesinnt sein, wie es Christus Jesus auch war, der, als er in der Gestalt Gottes war, es nicht wie einen Raub festhielt, Gott gleich zu sein; sondern er entäußerte sich selbst, nahm die Gestalt eines Knechtes an und wurde wie die Menschen; und in seiner äußeren Erscheinung als ein Mensch erfunden, erniedrigte er sich selbst und wurde gehorsam bis zum Tod, ja bis zum Tod am Kreuz. (Phil 2, 5-8)

Jesus ist das höchste Beispiel für selbstlose Demut. Jesus ist der Sohn Gottes. Er ist der vollkommene Abdruck oder die exakte Repräsentation des Wesens und des Charakters Gottes in Raum und Zeit. Jesus hatte alle Rechte, Privilegien und Ehren Gottes, doch er erniedrigte sich und gab diese Privilegien für eine Zeit auf. Jesus widerspiegelte jedoch Gottes Wesen. Er sagte:

...der Vater ist in mir und ich in ihm! (Johannes 10,38)

Jesus ist die Ausstrahlung Gottes Herrlichkeit und der Ausdruck (das getreue Abbild) Gottes Wesens und trägt alle Dinge durch das Wort Seiner Kraft. **(Hebr 1, 3)**

10.13 Neue Gewänder anziehen

Ich freue mich sehr in dem Herrn, und meine Seele ist fröhlich in meinem Gott; denn er hat mir Kleider des Heils angezogen, mit dem Mantel der Gerechtigkeit mich bekleidet, wie ein Bräutigam sich den priesterlichen Kopfschmuck anlegt und wie eine Braut sich mit ihrem Geschmeide schmückt. (Jes 61, 10)

„Kleider machen Leute", sagt man. Wir können sagen, dass wir oft die Menschen nach ihrer Kleidung identifizieren können. Man kann erkennen, ob ein Mensch in Trauer ist – früher hatte man sich in Sack und Asche gekleidet, heute zieht man eher dunkle Kleidung oder Trauergewänder an. Zur Hochzeit trägt die Braut heutzutage meist ein weißes, elegantes Abendkleid an, und der Bräutigam zieht einen wunderschönen Anzug oder einen besonderen Frack an. Zur Arbeit tragen Menschen etwas anderes gekleidet als zum Ausgehen.

Zur Taufe ziehen wir meist ein weißes Gewand an. Hiermit machen wir deutlich: Wer getauft wird, zieht das „**Gewand des Heils**" an, er zieht Christus an (**Gal 3, 27**).

Der Apostel Paulus hat dies selber erfahren. Als er auf dem Weg nach Damaskus Jesus begegnete, änderte er schlagartig sein Leben. Aus dem Christenverfolger wurde ein leidenschaftlicher Verfechter der Sache Jesu. Aus dem Saulus wurde ein Paulus. Er hat den alten Menschen abgelegt und den neuen Menschen angezogen. Im Epheserbrief heißt es:

Deshalb sollt ihr euer altes Wesen und eure frühere Lebensweise ablegen, die durch und durch verdorben war und euch durch trügerische Leidenschaften zu Grunde richtete. Lasst euch stattdessen einen neuen Geist und ein verändertes Denken geben. Als neue Menschen, geschaffen nach dem Ebenbild Gottes und zur Gerechtigkeit, Heiligkeit und Wahrheit berufen, sollt ihr auch ein neues Wesen annehmen. Hört auf zu lügen und „sagt einander die Wahrheit", weil wir alle zusammengehören. „Sündigt nicht, wenn ihr zornig seid", und lasst die Sonne nicht über eurem Zorn untergehen. Gebt dem Teufel keine Möglichkeit, durch den Zorn Macht über euch zu gewinnen! Wer ein Dieb ist,

soll aufhören zu stehlen. Er soll seine Hände zu ehrlicher Arbeit gebrauchen und dann anderen, die in Not sind, großzügig geben. Verzichtet auf schlechtes Gerede, sondern was ihr redet, soll für andere gut und aufbauend sein, damit sie im Glauben ermutigt werden. Achtet darauf, den Heiligen Geist nicht durch euer Verhalten zu betrüben. Denkt vielmehr daran, dass ihr sein Siegel tragt und dadurch die Gewissheit habt, dass der Tag der Erlösung kommen wird. Befreit euch von Bitterkeit und Wut, von Ärger, harten Worten und übler Nachrede sowie jeder Art von Bosheit. Seid stattdessen freundlich und mitfühlend zueinander und vergebt euch gegenseitig, wie auch Gott euch durch Christus vergeben hat. (Eph 4, 22-32, NL)

Es ist wichtig die alten Kleider ab zu legen und das neue „weiße und reine" Gewand Jesu an zu ziehen. Man soll es uns ansehen, dass wir ein neuer Mensch geworden sind. Wir Christen sollten sichtbar machen, wer wir sind, zu wem wir gehören und wem wir nachfolgen.

Man kann sagen, dass wir neue, unsichtbare Kleider und Mäntel erhalten. Diese Kleider werden vom geistlichen Menschen oder vom inneren Menschen getragen. Jesaja beschreibt sie als die „Kleider des Heils" und den „**Mantel der Gerechtigkeit**". Diese Kleider des Heils und der Mantel der Gerechtigkeit bedeuten, dass wir zu Gottes Volk dazu gehören. Wir sind Kinder Gottes und Bürger seines Reiches. Was bedeutet jedoch das Wort „Heil"? *Jescha* heißt im hebräischen „Heil" oder „Rettung". Jesus heißt im hebräisch-aramäischen *Jeschua*, was so viel bedeutet wie „Heiland" und „Retter". So können wir festhalten, dass Gott uns die Kleider des Heils angezogen hat oder anders ausgedrückt: Gott hat uns die Kleider *Jesu* angezogen. Jesus hat diese Kleider teuer erworben. Er hat für uns gelitten und ist für uns am Kreuz gestorben.

<u>Das Gewand wurde mit Jesus Unschuld, Reinheit, Heiligkeit, Gehorsam, Liebe, seiner Erniedrigung bis hin zum Tode am Kreuz und seinem Opfertod hergestellt. Es sind sehr kostbare Kleider.</u>

Was versteht man unter dem „Mantel der Gerechtigkeit"? Er ist ein ärmelloser Überwurf und wurde an Würdenträger verliehen. Könige und Priester trugen damals solche Gewänder. Wenn wir nun diesen „Mantel der Gerechtigkeit" übergelegt bekommen, bedeutet dies, dass nun auch wir königliche Priester des Gottesvolkes sind. Dieser Mantel wurde aus dem Material „Christi Gerechtigkeit" hergestellt. Wir werden mit der Gerechtigkeit Jesu, an dem keine Sünde haftet, gerecht gemacht. Wenn wir daran glauben, dass Jesus für unsere Gerechtigkeit gestorben ist, erhalten wir diesen Mantel und dann spricht Gott uns Sünder gerecht.

11. Suche Mich von ganzem Herzen

Mein Kind!

Ich freue Mich, dass du dich so sehr um Meine Liebe bemühst. Du fastest und betest, du rufst Mich an in der Not, doch Ich sage dir, nur wenn du von ganzem Herzen Mir nachfolgst, wirst du merken, wie nah Ich dir eigentlich bin. Wenn du es zulässt, wird Meine Herrlichkeit in dir wohnen. Es bringt dir nichts, wenn du nur ab und an Mich denkst. Denke an die Israeliten. Als sie hörten, dass die Bundeslade (Jes 4, 6) in ihrem Lager war, jubelten sie so laut vor Freude, dass die Erde erbete. Sie brauchten ein Bild, in diesem Fall die Bundeslade, um Mich wieder zu sehen. Ich bin aber nicht ein Bild. Ich bin real und Ich möchte immer Gemeinschaft mit dir haben. Ich möchte dich auf Schritt und Tritt begleiten. Ich möchte Teil deines Lebens sein. Als Jesus mit seinen Jüngern unterwegs war, hatten auch sie tägliche Gemeinschaft. Jesus erklärte ihnen das Himmelreich. Er lebte mitten unter ihnen. Als die Jünger von Johannes dem Täufer ihn fragten, warum seine Nachfolger nicht fasteten, antwortete er ihnen:

Können die Hochzeitsgäste trauern, solange der Bräutigam bei ihnen ist? Es werden aber Tage kommen, da der Bräutigam von ihnen genommen sein wird, und dann werden sie fasten. (Matt 9, 15)

Jesus lebte noch mitten unter ihnen und es gab keinen Grund sich nach ihm aus zu strecken. Fasten bedeutet sich nach jemanden ausstrecken, sich nach Nähe sehnen. Es beinhaltet Umkehr, Buße, still werden und innehalten. Es bedeutet einander zu vertrauen.

Mein Kind, Ich sehne Mich nach dir. Ich warte auf unsere gemeinsame Zeit. Ich möchte dir <u>Liebe</u>, <u>Trost</u> und <u>Geborgenheit</u> schenken. Du sollst dich trotz aller Missstände in und durch Mich geborgen fühlen. Ich bin bei dir alle Tage und nicht nur ab und an, doch du musst diese Gemeinschaft *suchen, ihr hinterherlaufen. Mache Mich zum Inhalt deines Glaubens. Sondere dich für Mich und den Dienst, welchen du für Mich tust, ab. Halte dich rein. Halte die zehn Gebote. Jesus umschrieb die Gebote so:*

Du sollst den Herrn, deinen Gott, lieben mit deinem ganzen Herzen und mit deiner ganzen Seele und mit deinem ganzen Denken und du sollst deinen Nächsten lieben wie dich selbst. (Matt 22, 37-29)

Ja, dies ist eine gute Zusammenfassung. Suche Mich von ganzem Herzen. Du wirst Mich finden, wenn du fastest und betest. Tue dies jedoch im Verborgenen und stelle dies nicht öffentlich zur Schau. Bleibe demütig und vertraue Mir. Suche Meine Antwort und Meine Wegweisung. Tue das, was Ich dir zeige.

In allem sei wachsam und ruhig. Fürchte dich nicht. Fürchte dich weder vor Menschen noch vor deinen Feinden. Ich bin bei dir allezeit. Mache dir keine Sorgen egal, was du siehst oder hörst. Ziehe dem Feind entgegen und versetze ihn in Schrecken. Dein Herz erschrecke nicht, glaube an Mich und glaube an Jesus. Er ist dir vorangegangen und er weist dir den Weg. Er hat Satan am Kreuz besiegt. Auch Jesus fürchtete sich. Er bat Mich sogar darum, dass Mein Zorneskelch (Joh 14, 1; Matt 26, 42) an ihm vorübergehen möge, doch er tat Meinen Willen und trug deine Schuld und deine Sünden. Er ertrug Meinen Zorn in ganzer Fülle. Jeschua bezahlte den Preis für deine Sünden. Ich höre jetzt noch sein Schreien. Er hat für dich gelitten. Jesus unterstellte sich freiwillig und in Liebe Meinem Willen. Auch du kannst dies schaffen. Vertraue Mir in allem. Ich werde dich führen und leiten.

Erneuere deine Beziehung ständig zu Mir. Ich warte auf dich. Pflege unser Verhältnis. Lebe nicht in der Vergangenheit, sondern lebe im Jetzt und Heute. Lass deine Liebesbeziehung zu Mir täglich aufleben. Ich sehne Mich nach dir und warte auf dich. Komm in Meine Arme! Verbringe Zeit mit Mir, teile dein Leben mit Mir. Erzähle Mir alles egal was: Liebe, Trauer, Freude, Not, Krankheit, Schmerzen. Mich interessiert alles, denn du bist Mein geliebtes Kind.

- *Bringe Mir alle deine Sorgen. Ich bin dein Versorger.*
- *Bringe Mir alle deine Schmerzen. Ich werde sie lindern.*
- *Bringe Mir deine Nöte. Ich werde dir helfen.*
- *Singe mit Mir Lieder der Freude. Spiele Mir ein neues Lied. Lass dich vom Heiligen Geist im Lobpreis führen.*
- *Lass dich vom Heiligen Geist durch die Bibel führen. Mit Meinen Augen wirst du durch Mein Wort gelenkt und du wirst verstehen, was Ich dir mitteilen möchte.*
- *Öffne dein Herz und lass Mich hinein.*
- *Lass Mich in dir wohnen.*

Mein Kind, Ich sehne Mich nach dir. Komm her zu Mir und verbringe Zeit mit Mir.

Dein Papa

11.1 Die Herrlichkeit Gottes

Die Herrlichkeit Gottes kommt immer wieder in der Bibel vor. Mit der Herrlichkeit Gottes werden folgende göttlichen Attribute in unendlicher Vollkommenheit zusammengefasst. Die Herrlichkeit Gottes umschreibt sein Wesen:

* Seine Hoheit, seine Pracht und seine Majestät
* Seine Größe und seine Macht
* Der Lichtglanz, der aus ihm hervorgeht.
* Seine Schöpferkraft
* Seine Güte und sein Erbarmen
* Seine Liebe und seine Gnade
* Sein Vaterherz
* Die Heiligkeit Gottes

Im Alten Testament finden wir das hebräische Wort כָּבוֹד (kabod oder kawod). Es zeigt auf die Gewichtigkeit und Schwere hin. Im geistlichen Sinne wird auf die besondere Ehre und Anerkennung hingewiesen. So lesen wir, dass **die Herrlichkeit des HERRN auf dem Berg Sinai (ruhte), und (dass) die Wolke ihn sechs Tage lang (bedeckte); am siebten Tag aber rief Gott Mose von der Wolke aus zu. (2. Mose 16-17)**

Hesekiel weissagt, dass die Herrlichkeit Gottes den Tempel erfüllen wird. (Hesekiel 43,4). Das Wort „kabod" weist aber auch auf den Lichtglanz Gottes und auch auf Gott als dem Schöpfer hin. Im Psalm 104 lobt der Schreiber Gott:

Mit meiner Seele will ich den Herrn loben. Herr, mein Gott, du bist sehr groß! In Ehre und Herrlichkeit bist du gekleidet und Licht umgibt dich wie ein Gewand. (Psalm 104,1-2, NL)

Andere Bibelübersetzungen haben statt den Worten Ehre und Herrlichkeit, die Worte Pracht und Majestät gewählt.

Gottes Herrlichkeit durfte besonders im Alten Testament von niemand gesehen werden. Selbst Mose, der sich immer wieder Gott näherte, zitterte und hatte Angst zu sterben, als Gott ihm begegnete. Wenn er dann eine Begegnung mit Gott hatte, musste er sein Gesicht bedecken, denn sein Gesicht war durch die Herrlichkeit des Herrn erleuchtet und die Israeliten fürchteten sich vor ihm.

Gottes Herrlichkeit ruhte in der Bundeslade und die Menschen durften die Lade nicht berühren. Sie mussten mit äußerster Vorsicht und mit Hilfe besonderer Transportstäbe getragen werden. In 1. Samuel 6 lesen wir, wie die Bundeslade nach Jerusalem transportiert wurde. Usa wurde sofort nach der Berührung der Bundeslade von Gott wegen seiner Respektlosigkeit erschlagen. Usa war kein Levit und hatte, obwohl er die Lade ja retten wollte, sie unerlaubterweise, berührt. Auch wissen wir, dass der Hohepriester, nachdem er sich gereinigt und gewaschen hatte, nur einmal im Jahr in die Nähe der Bundeslade gehen durfte.

Gottes Herrlichkeit und Macht zeigte sich insbesondere auch beim Auszug aus Ägypten. Er ließ zehn Plagen über das Land kommen und er ließ die Israeliten trockenen Fußes durch das Rote Meer ziehen.

Wir finden Gottes Herrlichkeit auch in dem hebräischen Wort תפארה (tiph'arah). Es bedeutet Pracht, Schmuck und Herrlichkeit. Gottes Herrlichkeit wird in besonderem Glanz leuchten.

Das Licht der Sonne wirst du künftig nicht mehr brauchen, auch nicht mehr den Mondschein in der Nacht, denn dein ewiges Licht wird JHWH sein, dein Gott leuchtet dir in herrlichem Glanz. (Jes 60, 19, NeÜ)

Im Neuen Testament wird das griechische Wort Δόξα (Doxa) gebraucht, welches auf das Ansehen, die Ehre, die Vortrefflichkeit des Verstandes und des Körpers hinweist. So bittet Jesus den Vater, dass dieser ihn, seinen Sohn **„verherrliche …, damit auch sein Sohn ihn verherrliche" (Johannes 17,1)** Erst nach seinem Wiederkunft werden wir sehen, dass **alle Zungen bekennen werden, dass Jesus Christus der Herr ist, zur Ehre Gottes, des Vaters. (Phil 2, 11)**, d.h. Gottes Herrlichkeit wird auf der Erde durch Jesus offenbar und er wird als König der Könige und Herr der Herren begrüßt werden. Im 1. Korintherbrief 2, 8 steht, dass Jesus zu Lebzeiten nicht als der Herr der Herrlichkeit erkannt wurde, sonst hätte man ihn auch nicht gekreuzigt.

Jesus Herrlichkeit wurde nicht nach außen sichtbar, als er hier auf Erden war. Wir können sagen, dass die Herrlichkeit Gottes durch das menschliche Fleisch nach außen versteckt war. Jesus Körper beherbergte die Herrlichkeit Gottes. Auf dieselbe Weise ist die Herrlichkeit der Kinder Gottes noch nicht offenbar, und bis sie offenbar wird, ist die Herrlichkeit die Freude im Herzen.

Die Herrlichkeit Gottes offenbart sich durch <u>Licht.</u> Wir sehen, dass die Herrlichkeit Gottes sich in Jesus Körper versteckte, doch kam sie (auf dem Berg der Verklärung) zum Vorschein. Im Matthäus Evangelium lesen wir:

Und er wurde vor ihnen verklärt (umgewandelt), und sein Angesicht leuchtete wie die Sonne, und seine Kleider wurden weiß wie das Licht. (Matt 17, 2)

Das neue Jerusalem wird von der Herrlichkeit Gottes erleuchtet werden.

Und die Stadt bedarf nicht der Sonne noch des Mondes, dass sie in ihr scheinen; denn die Herrlichkeit Gottes erleuchtet sie, und ihre Leuchte ist das Lamm. (Off 21, 23)

Und Paulus erblindete bei seiner Bekehrung von dem Licht der Herrlichkeit. Paulus schreibt darüber:

Da ich aber vor der Herrlichkeit jenes Lichtes nicht sehen konnte, wurde ich von denen, die bei mir waren, an der Hand geleitet und kam nach Damaskus. (Apg 22,11)

An Rosch haSchana 2016 (רֹאשׁ הַשָּׁנָה), dem Kopf des Jahres oder dem Neujahrstag des hebräischen, bürgerlichen Kalenders, empfingen viele Propheten und auch ich, die Botschaft uns an die Worte des Propheten Jesaja zu erinnern und endlich auf zu stehen und Licht zu werden

Mache dich auf, werde Licht! Denn dein Licht kommt, und die Herrlichkeit des Herrn geht auf über dir! (Jes 60, 1)

Auch in uns Christen leuchtet die Herrlichkeit Gottes und Gott fordert uns auf endlich in unsere Bestimmung zu kommen.

11.2 Gemeinschaft mit Gott

Gott möchte, dass wir unsere Beziehung ständig erneuern, denn geistliche Siege erwachsen nur aus einer ständig erneuerten Beziehung zu Gott. Alle Beziehungen müssen gepflegt werden. Es bringt nichts, zu wissen, dass wir Gottes Kinder sind, wenn wir uns von ihm abwenden oder ihn nicht regelmäßig konsultieren.

So wie eine Zwischenmenschliche Beziehung nur wachsen kann, wenn man regelmäßigen Kontakt miteinander hat, immerzu mit einander spricht und sich beständig sieht und besucht, so kann die Beziehung zu Gott auch nur wachsen, wenn wir die Gemeinschaft mit ihm pflegen. Gott möchte tagtäglich mit in uns in Verbindung stehen. Am liebsten wäre es ihm, wenn wir ihn überall mit hinnehmen würden. Es bringt nichts nur einmal wöchentlich in den Gottesdienst gehen. Nein, Gott möchte, dass wir ununterbrochen mit ihm in Verbindung stehen. Gott und Jesus möchten in uns wohnen.

Die Israeliten jubelten laut, als die Bundeslade in ihr Lager kam.

Und es geschah, als die Bundeslade des Herrn in das Lager kam, da jauchzte ganz Israel mit großem Jauchzen, so dass die Erde erbebte. (1. Sam 4, 5)

Als sie die Bundeslade sahen, gingen sie davon aus, dass die Herrlichkeit Gottes in ihr sein würde und sie fühlten, dass Gott sie nicht verlassen hatte, und waren sich ihres Sieges sicher. Gott aber sagt: „Halt! Die Bundeslade bin nicht <u>Ich</u>! Ich bin kein Götzenbild. Ich bin Gott, der nach <u>Beziehung und Gemeinschaft</u> sucht. Ich kann in der Bundeslade sein, aber nur, wenn die Beziehung stimmt." Genauso ist es auch heute. Gott kann in unserm Tempel, in unserem Herzen leben und sein, wenn wir Gemeinschaft mit ihm haben.

Um in diese Gemeinschaft mit Gott treten zu können, müssen wir, so wie es Johannes der Täufer predigte, zu Gott umkehren und Buße tun, und danach ein zu Gott hingewendetes Leben, so wie es Jesus predigte, führen. Wir müssen erkennen, dass Jesus für unsere Schuld am Kreuz oder Pfahl gestorben ist. Es ist wichtig Gott zum Inhalt deines Glaubens zu machen.

Die Israeliten durften sich freuen, aber ihnen hätte gleichzeitig bewusst werden müssen, dass sie sich von Gott abgewendet hatten. Sie hatten sogar vergessen, dass Gott sie aus Ägypten geführt hatte. Die Beziehung zu Gott war eingeschlafen und in Vergessenheit getreten. Jesaja drückt es wie folgt aus:

Durch Umkehr und Buße könnt ihr gerettet werden. Im Stillsein und im Vertrauen liegt eure Stärke. (Jes 30, 15)

Um das Verhältnis zu Gott wieder auf zu bauen und in Ordnung zu bringen, hätten sie fasten und beten sollen. Sie hätten sich zurückziehen sollen und nach dem Willen des Vaters fragen sollen. Jesus beschreibt Fasten so:

Wenn ihr aber fastet, sollt ihr nicht finster dreinsehen wie die Heuchler; denn sie verstellen ihr Angesicht, damit es von den Leuten bemerkt wird, dass sie fasten. … Du aber, wenn du fastest, so salbe dein Haupt und wasche dein Angesicht, damit es nicht von den Leuten bemerkt wird, dass du fastest, sondern von deinem Vater, der im Verborgenen ist; und dein Vater, der ins Verborgene sieht, wird es dir öffentlich vergelten. (Matt 6, 16-18)

Gott lässt seinen Propheten Jesaja (7, 4-6) wissen, wie er sich verhalten soll, als Jerusalem bedroht wird:

- Sei wachsam und ruhig.
- Fürchte dich nicht.
- Dein Herz verzage nicht vor dem, was du vor dir siehst (mache dir keine Sorgen).
- Ziehe dem Feind entgegen und versetze ihn in Schrecken.

Jesus spricht zum Abschied zu seinen Jüngern. Er weiß, dass die schwerstmögliche Krise auf seine Freunde zukommt. Er wusste, dass er am Kreuz sterben und sie zurücklassen würde. Jesus gibt ihnen folgende Worte des Trostes mit:

Euer Herz erschrecke nicht! Glaubt an Gott und glaubt an mich! (Joh 14, 1)

Wir brauchen uns nicht zu fürchten, denn Gott und Jesus gehen mit uns. Gottes Liebe ist stärker als der Tod. Bei ihm ist nichts unmöglich. Daran soll unser Glaube sich orientieren. Darauf sollen wir unser Vertrauen setzen. Gott ist der Erhalter der Welt, dem nichts aus der Hand gleitet! Jesus ist der Retter der Welt, der alle Menschen in seine Gemeinschaft ruft und uns befreit vom unseligen Versuch, uns zu trennen von Gott.

11.3 Die Beziehung vertiefen

Das christliche Leben ist ein Wachstumsprozess. Unsere Beziehung zu Gott vertieft sich, wenn wir lernen Ihm immer mehr zu vertrauen. Wie können wir dies am besten erreichen? Hier einige Vorschläge:

- Lasst uns versuchen unser Leben als Christ, nicht aus eigener Kraft zu leben. Wir sollen uns den Heiligen Geist, der dich führt und leitet, verlassen.
- Wir sollten täglich die Vergebung in Anspruch nehmen, die Jesus Christus uns zugesprochen hat.
- Wir sollten danach streben moralisch aufrichtig und ohne Sünde zu leben. In **Johannes 13, 8-10**, lesen wir von der Fußwaschung der Jünger.

Jesus spricht: Wer gebadet ist, hat es nicht nötig, gewaschen zu werden, ausgenommen die Füße, sondern er ist ganz rein. Und ihr seid rein, aber nicht alle.

Jesus erklärt Petrus und uns, dass man nicht immer wieder neu gebadet werden muss, sondern, dass wenn man einmal durch eine Tiefenreinigung gegangen ist und alle Sünden bekannt und bereut hat, nur noch die tägliche Reinigung des neu angesammelten Schmutzes sein sollte.

• <u>Lasst uns als Nachfolger Christi im Glauben leben</u> und <u>unser Vertrauen auf die Glaubwürdigkeit Gottes und die Zusagen setzen</u>, die Er uns durch Sein Wort zukommen lässt.

• Lasst uns nach Gottes souveränem <u>Plan leben</u>.

• <u>Lasst uns täglich in Gottes Wort lesen.</u> Solltest du neu im Glauben stehen, beginne mit dem Johannes Evangelium.

• <u>Das regelmäßige Gespräch bzw. Gebet ist wichtig.</u> Gott sollte unser ständiger Begleiter sein. Er wünschte sich nichts sehnlicher als sich mit uns zu unterhalten. Er wünscht sich Beziehung und möchte uns Freund und Vater sein. Er möchte in uns wohnen.

• <u>Wir sollen aber auch Gemeinschaft mit anderen Nachfolgern Jesu haben.</u> Die Gemeinschaft mit anderen Christen ist für beide Parteien wichtig. Gebe von der neuen Liebe und dem neuen Glauben weiter, aber empfange genauso Liebe und erlebten Glauben. Glaube und Liebe bilden eine Einheit. Setze die vom Heiligen Geist geschenkten Gaben sinnvoll ein und fördere das Gemeindeleben. In der Endzeit wird dies vielleicht nicht auf die gewohnte Art in der Kirche sein, doch gibt es auch die Möglichkeit zuhause mit deinem Ehepartner und deinen Kindern Gemeinschaft zu haben.

• In einem Hauskreis finden <u>Gespräche über den Glauben</u> statt, man studiert gemeinsam Gottes Wort und kommt so vielleicht zu einem besseren Verständnis.
• Wenn möglich sollten wir sehen, dass wir einen <u>Glaubensvater oder eine Glaubensmutter finden</u>, welche uns beim Wachstum im Glauben weiterhelfen.

• Musik ist wunderbar und Gott freut sich wenn wir Ihn <u>loben und preisen</u>. Wer nicht so gut im Musizieren ist, der kann die Hymnen, Psalmen auch laut vorlesen umso Gott die Ehre zu erweisen.

• In eine lebendige, christliche <u>Gemeinde</u> erleben wir, dass wir als Leib Christi zusammenwachsen. Die einzelnen Gläubigen sind die Glieder dieses Leibes, das Haupt ist Christus. Jedes Glied ist anders und wir brauchen uns gegenseitig um im Glauben zu wachsen.

• Aber noch viel wichtiger als die obengenannten Punkte ist <u>unser persönliches Verhältnis</u> zu unserem himmlischen Vater, zu unserem Bruder Jesus und zum Heiligen Geist.

11.4 Gott möchte bei uns einziehen

Gott möchte bei uns einziehen. Wir können wiedergeborene Christen sein und Jesus nachfolgen, und doch noch weit davon entfernt sein, dass Gott in uns wohnen kann. Es gibt einen Unterschied zwischen einem gläubigen Christen und einem Christen in dem Gott eingezogen ist und wohnt.

Gott wünscht sich, dass wir Ihn in unserem Tempel willkommen heißen und dass wir auf diese Weise Tempel unseres lebendigen Gottes werden.

… Denn ihr seid ein Tempel des lebendigen Gottes, wie Gott gesagt hat: „Ich will in ihnen wohnen und unter ihnen wandeln und will ihr Gott sein, und sie sollen mein Volk sein". (2. Kor 6, 16)

Darum geht hinaus von ihnen und sondert euch ab, spricht der Herr, und rührt nichts Unreines an! Und ich will euch aufnehmen, und ich will euch ein Vater sein, und ihr sollt mir Söhne und Töchter sein, spricht der Herr, der Allmächtige. (2. Kor 6, 17-18)

Damit Gott bei uns einziehen kann, müssen wir uns reinigen. Wir müssen uns mit dem Wort Gottes waschen.

Weil wir nun diese Verheißungen haben, Geliebte, so wollen wir uns reinigen von aller Befleckung des Fleisches und des Geistes zur Vollendung der Heiligkeit in Gottesfurcht! (2. Kor 7, 1)

Wenn wir gereinigt sind, wird Gott uns empfangen und aufnehmen. Er ist unser Vater und wir sind seine Kinder. Wir sind geschaffen, damit Gott in uns wohnen kann. Wir müssen uns reinigen, dekontaminieren und in Perfektion bringen. Wir müssen nach einem heiligen Leben streben und uns von Unreinem absondern. Wir müssen zu seinem Heiligtum werden, indem wir uns als heiliges Opfer hingeben und uns mit Gottes Wort waschen und von allen Sünden reinigen. Wir müssen unsere Augen und Ohren reinhalten, d.h. Sünde von ihnen fern halten und zum Beispiel keine Filme ansehen oder Liedertexte anhören, die nicht für Christen geeignet sind.

So wie die Priester und Leviten sich im Alten Testament mit Wasser waschen mussten bevor sie das Heiligtum betraten, so müssen wir auch wir uns waschen und zwar mit dem Wasser des Wortes. Jesus bat seinen Vater, dass er uns durch die Wahrheit heiligen soll. Jesus opferte sich für uns und die Gemeinde, damit diese durch sein Blut gereinigt wird.

Jetzt aber, in Christus Jesus, seid ihr, die ihr einst fern wart, nahe gebracht worden durch das Blut des Christus. (Eph 2, 13)

Denn durch ihn (Jesus) haben wir … den Zutritt zu dem Vater in einem Geist. So seid ihr nun nicht mehr Fremdlinge ohne Bürgerrecht und Gäste, sondern Mitbürger der Heiligen und Gottes Hausgenossen (Familienangehörige). (Eph 2, 18-19)

Wir sind geschaffen um ein heiliger Wohnort Gottes zu sein und deshalb sollen wir in der Liebe Gottes gegründet sein. Liebe bedeutet unser Leben hin zu geben, genau wie Jesus sein Leben hingab. Gehen wir dieser Liebe nach. Lasst uns unseren Nächsten lieben. Lasst uns unsere Frau, liebe unseren Mann, unsere Kinder, unsere Eltern lieben und ehren. Lasst uns Gott darum bitten, dass wir mehr und besser lieben können. Unsere eigene Familie zu lieben, kann manchmal sogar sehr schwer sein, aber wir werden immer besser werden und Jesus immer ähnlicher werden.

Alle Nachfolger Jesu, sind aufgefordert eine Wohnung für Gott zu werden. Im Markusevangelium lesen wir, dass so bald Jesus ins Haus kam, fing er an zu heilen. Wenn wir also die Wohnung Gottes werden, beginnt er uns sofort zu heilen.

Wie können wir erreichen, dass Gott in uns einzieht, dass wir der Tempel Gottes werden?

Niemand hat Gott jemals gesehen; wenn wir einander lieben, so bleibt Gott in uns, und seine Liebe ist in uns vollkommen geworden. (1. Joh 4,12)

Und wer seine Gebote hält, der bleibt in Ihm und Er in ihm; und daran erkennen wir, dass Er in uns bleibt: an dem Geist, den Er uns gegeben hat. (1. Joh 3,24)

Wer meine Gebote festhält und sie befolgt, der ist es, der mich liebt; wer aber mich liebt, der wird von meinem Vater geliebt werden, und ich werde ihn lieben und mich ihm offenbaren. (Joh 14, 12)

Jesus antwortete und sprach zu ihm: Wenn jemand mich liebt, so wird er mein Wort befolgen, und mein Vater wird ihn lieben, und wir werden zu ihm kommen und Wohnung bei ihm machen. (Joh 14,23)

• Wenn wir <u>wiedergeboren</u> sind und <u>Gottes Gebote halten</u>, dann werden der Vater und Jesus bei uns persönlich einziehen.

Jesus ist unser Vorbild und er war hier auf der Erde um die Arbeit seines Vaters zu tun. Seine Nahrung war den Willen des Vaters zu tun, d.h. er bekam seine Kraft daraus, dass er genau das tat, was der Vater von ihm fragte.

Da erklärte Jesus: „Meine Nahrung ist, dass ich den Willen Gottes tue, der mich gesandt hat, und sein Werk vollende. (Joh 4,32)

Dies heißt im Umkehrschluss, dass wenn wir den Willen Gottes befolgen, werden auch wir gestärkt werden und wir erhalten ebenso alle Nährstoffe, die wir benötigen.

Jesus kam vom Himmel herab, um den Willen Gottes zu tun, der ihn gesandt hat, und nicht, um zu tun, was er selbst wollte. (Joh 6, 38)

Jesus hatte das beste Verhältnis zum Vater. Jesus suchte nicht nach seiner eigenen Herrlichkeit. Er suchte immer nach dem Vater, der ihn gesandt hatte. Jesus sagte:

Der, der mich gesandt hat, ist mit mir - er hat mich nicht verlassen. Denn ich tue immer, was ihm gefällt. (Joh 8, 29)

Jesus fordert uns auf seinem Beispiel zu folgen und ein ähnlich persönliches Verhältnis mit dem Vater zu haben, wie er es hatte. Lasst uns lernen einem Lebensstil der Buße zu folgen, damit wir so auf dem Weg des Lichts bleiben, welcher uns in das Herz Gottes, ins Allerheiligste, führt.

11.5 Unsere Berufung

Jesus betete, dass wir eine ähnliche Beziehung wie der Vater und er aufbauen mögen und dass wir genau so eng miteinander verbunden sein werden.

Ich bete nicht nur für diese Jünger, sondern auch für alle, die durch ihr Wort an mich glauben werden. Ich bete für sie alle, dass sie eins sind, so wie du und ich eins sind, Vater - damit sie in uns eins sind, so wie du in mir bist und ich in dir bin und die Welt glaubt, dass du mich gesandt hast. (Joh 17, 20-21)

Jesus fordert uns auf immer den Willen Gottes zu folgen und immer das zu tun, was Gott gefällt, d.h. uns rein und heilig zu halten. Gott wird uns dann segnen, salben, beschützen und uns zu seinem und Jesus Habitat zu machen. Wenn wir dies geschafft haben, bedeutet dies, dass wir zu Überwindern geworden sind. Der himmlische Vater gab Jesus alles und wir sind in dasselbe Verhältnis berufen. Gott verspricht den Überwindern:

Wer überwindet, der wird alles erben, und ich werde sein Gott sein, und er wird Mein Sohn (und Meine Tochter) **sein. (Off 21, 7)**

Lasst uns gemeinsam versuchen Tempel für unseren himmlischen Vater, für Jesus Christus, seinem Sohn und den Heiligen Geist zu werden in dem wir seinen Willen tun. Lasst uns ein geheiligtes Leben führen. Bittet den HERRN (JHWH) um Führung und tut nichts, was euch der Vater im Himmel nicht vorher gezeigt hat. Bleibt in der Liebe unseres Vaters.

12. Heilig sein und bleiben

Mein Kind,

heute komme ich zu dir mit einigen abschließenden Anmerkungen.

Ich bin ein heiliger Gott und niemand kann Mich und Meinen Thron treten, es sei denn er selber hat sich gereinigt und lebt ein reines Leben.

Du hast dein Leben Jeschua hingegeben. Er hat dir vorgelebt, wie man ein heiliges Leben führt, was du beachten musst, was du zu tun und zu lassen hast. Er gab sein Leben für deine Sünden und für deine Schuld, die du dir über die Jahre angesammelt hast.

Nun, wo du frei bist, solltest du dies auch beibehalten. Mir ist unsere gemeinsame Zeit sehr wichtig und schätze deine „Stille Zeit" in deinem Kämmerlein. Des Weiteren habe Ich bestimmte Feiertage festgelegt, damit du dich anhand dieser besonderen Feste orientieren kannst um Zeit mit mir zu verbringen.

Halte den <u>Sabbat</u>. Es ist der von Mir angeordnete Ruhe- und Gedenktag. Alle sieben Jahre halte das sogenannte <u>Sabbatjahr</u>.

Bedenke aber auch meine anderen heiligen Feste, wie das <u>Passahfest</u>, das <u>Wochen- oder Pfingstfest</u>, das <u>Posaunenfest</u> (Rosh haSchana), das <u>Versöhnungsfest</u>, das <u>Laubhüttenfest</u> und das <u>Fest der Tempelweihe</u> (Chanukka, Lichterfest). Wenn du magst kannst du auch <u>Purim</u> feiern, weil es dir sehr viel über die Königin Esther (der Braut) und Hamann (dem Beispiel eines Antichristen)erzählt.

Ich, JHWH, habe die Feste eingesetzt und euch geboten, sie zu halten (2. Mose 23,14ff; 3. Mose 16,29.34). Sie erinnern nicht nur an Meine Gebote, sondern auch an Meinen Zeitplan. Jeschua und seine Jünger haben diese Feste regelmäßig gefeiert. In den ersten Gemeinden wurden sie streng eingehalten Für dich und die anderen Christen und Nachfolger Jeschuas, wie die messianischen Juden, haben die Feste besondere und bleibende Bedeutung, denn sie erinnern an Mein wunderbares Heilshandeln, an Meine Treue und Fürsorge für Mein Volk in der Vergangenheit und sie vertiefen den Glauben auch heute. Die Feste weisen in eine messianische Zukunft.

Meine Feste haben nichts mit den Festen den heutigen heidnischen Kirchenfesten wie z.B. Weihnachten, Ostern oder Allerheiligen (Halloween) zu tun. Diese Feste sind falsch und ehren mich nicht. Weihnachten ist nicht das Fest von Jesus Geburt, sondern ihr feiert die Geburt Nimrods. Er ist der Sonnengott. Dann feiert ihr Ostern. Ihr denkt zwar dabei an Jesus Kreuzes-und Opfertod, doch so wie ihr es feiert ehrt ihr mit euren Ostereiern das Fest der Astarte (Ostera), der Fruchtbarkeitsgöttin. Mit der Feier von Halloween ehrt ihr nicht die Heiligen, sondern betet die Geister und Dämonen an. Hört auf damit, denn <u>- Ich allein bin JHWH, dein Gott, du sollst keine anderen Götter haben neben mir. Halte meine Gebote vor allem das erste und das vierte Gebot.</u>

Mein Kind, aber nicht nur die Feste und Feiertage sind mir wichtig und sollten heilig gehalten werden. Ich bitte dich dringend deinen Tempel, also dich selbst rein zu halten. Du bist der Tempel Meines Geistes. Damit Meine Heiligkeit in dir wohnen kann, wurden dir die Gebote und meine Gesetze in dein Herz geschrieben. Jetzt ist leicht diese Gebote und Gesetze ein zu halten.

Nimm nur reine Nahrung zu dir. In Levitikus 11 werden die reinen und unreinen Tiere aufgezählt. Ich habe euch dies wissen lassen, damit ihr euch nicht verunreinigt und vielleicht sogar erkrankt. Vor der Flut waren die Menschen Vegetarier. Nach der Flut erteilte Ich die Erlaubnis, dass ihr reines Fleisch zu euch nehmen dürft um eure Nahrung zu ergänzen.

In der kommenden Zeit wird eure Nahrung verseucht werden. Lass dich von meinem Heiligen Geist leiten. Er wird dir zeigen was du zu dir nehmen kannst.

Halte regelmäßig das Abendmahl. Lade Mich, Jeschua und den Heiligen Geist ein an dem Mahl teil zu nehmen. Lass dich jeden Tag aufs Neue reinigen und auf erbauen.

Ich liebe dich mein Kind und bin immer bei dir. Folge Mir und Jeschua nach und nimm unseren Rat an.

In Liebe
Dein Abba JHWH

12.1 Gottes Ruhe- und Feiertage

2. Mose 23,10-13: Sabbatjahr und Sabbat:

Sechs Jahre sollst du dein Land besäen und seine Früchte einsammeln. Aber im siebenten Jahr sollst du es ruhen und brach liegen lassen, dass die Armen unter deinem Volk davon essen; und was übrig bleibt, mag das Wild auf dem Felde fressen. Ebenso sollst du es halten mit deinem Weinberg und deinen Ölbäumen.

Sechs Tage sollst du deine Werke verrichten, aber am siebten Tag sollst du ruhen, damit dein Rind und dein Esel ausruhen und der Sohn deiner Magd und der Fremdling sich erholen können.

Alles, was ich euch gesagt habe, das haltet.

Während der Entstehung dieses Buches bin ich selber durch Gottes Glaubensschule gegangen. Immer wieder zeigte Er mir Neues auf. Er gab mir den Auftrag meinen Blickwinkel zu ändern, denn ich sah vieles so wie ich es in meinen ursprünglichen Gemeinden kennengelernt hatte. Gott offenbarte mir auch die Wahrheiten über die Feier- und die Ruhetage. Schnell wurde mir bewusst, dass wir in den christlichen Gemeinden nicht mehr Gottes Feste feierten, sondern Feste, die zwar eine gute Intention haben und sich richtig anhören, aber doch einen heidnischen Hintergrund haben. So zeigte Gott mir als erstes, dass Sonntag nicht der richtige Ruhetag ist und dass es Ihm sehr wichtig ist, dass wir den wahren Tag beachten.

Nachdem ich also über den Sabbat und das Sabbthalten gelernt hatte und deswegen auch schließlich meine damalige Gemeinde in Gottes Auftrag verlassen hatte, begann Gott mich über die anderen Fest zu unterrichten. Ich lernte sehr viel durch die messianischen Juden.

Je mehr ich über die wahren Hintergründe der Feste erfuhr, desto deutlicher wurde mir die Bedeutung, die sie in der Endzeit, in der wir uns jetzt befinden, haben.

Alle Fest- und Feiertage in Israel sind biblischen Ursprungs, doch nicht alle Feste wurden von Gott vorgeschrieben.

Die Feste, die Gott eingesetzt und seinem Volk geboten hatte, sie zu halten stehen in 2. Mose 23,14ff und 3. Mose 16,29.34. Sie erinnern an Gottes Gebote und Gottes Zeitplan.

Von Jesus, seinen Aposteln und den ersten Gemeinden ist bekannt, dass sie wie alle anderen Juden die biblischen Fest- und Feiertage streng hielten (Apostelgeschichte 2, 1; 12, 3; 20, 6f. 16; 1. Korinther 5, 7f; 16, 8).

Die Juden und die messianischen Juden feiern diese biblischen Feste auch heute zur Erinnerung an die Geschichte ihres Volkes zur Vertiefung ihres Glaubens. Messianische Juden, und inzwischen auch ich, setzen sie aber in eine besondere Beziehung zu Jesus und seinem Heilswerk und füllen sie mit neutestamentlichem Inhalt, so dass sie auch für Christen von Bedeutung sind.

Die biblischen Feste Gottes sind sowohl für Juden als auch für messianische Juden und Christen von großer und bleibender Bedeutung: Sie erinnern an Gottes wunderbares Heilshandeln, an seine Treue und Fürsorge für sein Volk in der Vergangenheit. Sie vertiefen den Glauben heute. Sie weisen in eine messianische Zukunft.

שַׁבָּת Schabbat (Sabbat)

Der wöchentliche Fest- und Feiertag ist laut 2. Mose 20 der „Schabbat". Er ist für gläubigen Juden, messianischen Juden und Christen ein Tag heiliger Ruhe, an dem nach Gottes Willen nicht gearbeitet werden darf. Mit Beginn des „Schabbat" am Freitagabend versammelt sich die ganze Familie um den festlich gedeckten Tisch. Die Frau des Hauses zündet die Schabbat-Kerzen an und spricht den Segen. Der Vater hält eine kurze Andacht und segnet Brot und Wein. Danach wird der Wein getrunken und das Schabbatbrot (Challah) angeschnitten oder angebrochen. Man hält das Schabbatmahl und wünscht einander „Schabbat Schalom" („Der Schabbatfrieden sei mit dir!"). Der Tag des Herrn hat begonnen, eine Zeit innerer Erbauung, der Ruhe und des familiären Zusammenseins. Die Schabbatfeier ähnelt einer christlichen Abendmahlsfeier.

Die messianischen Juden und Nachfolger Christi, die Gottes Gebote befolgen, berufen sich auf Jesus und die Urgemeinde, die auch den „Schabbat" hielten (Lukas 14,1; Markus 1,21; Apostelgeschichte 20, 7).

Das Wort <u>S **ABBA** T</u> schließt unseren himmlischen Vater **ABBA** ein*.

* Erklärungen zu Schabbat שַׁבָּת
Schin שׁ bedeutet: essen, verzehrendes Feuer, Zerstörung, Frieden, Versorgung oder Sieg. Das Schin steht auch für Umkehr und Buße und Versöhnung
Beth בּ steht für Haus oder Zelt und bezieht sich auf unseren inneren Tempel, da wo der Heilige Geist Einzug nimmt, wenn wir wiedergeboren werden. Unser Abba möchte in unserem Tempel wohnen.
Taw ת steht für das Kreuz und ist das Zeichen oder der Bund, das Bündnis, die Markierung, der Siegel und die Ewigkeit.

פֶּסַח Pessach (Passahfest) oder das Fest der ungesäuerten Brote

Im Monat Nisan, der auch als der erste Monat oder der Monat Abib bekannt ist, findet dieses erste Fest im biblischen Kalender statt (3. Mose 23, 6).

Am „Seder Abend" wird aus der „Passah-Haggada" (Erzählung vom Auszug aus Ägypten) gelesen und danach findet ein Festmahl statt.

Das Passahfest erinnert vorerst an jene schicksalsschwere Nacht in Ägypten, in der Gottes Gericht über die Unterdrücker Israels hereinbrach. Die Israeliten wurden aber verschont, da die Türpfosten ihrer Häuser mit Blut eines Opferlammes übersprengt waren. „Wenn ich das Blut sehe", so hatte Gott versprochen, „werde ich vorübergehen". Dies hatte dazu geführt, dass Pharao die Kinder Israels wieder in ihre Heimat ziehen ließ (2. Mose 12).

Die messianischen Juden und Christen feiern auch Passah, aber sie erinnern sich ganz besonders an das Opfer, Leiden und Sterben, Jesu Christi. Jesus ist für uns das „Passah-Lamm", das Lamm Gottes, welches für ihre Sünden und für unsere Rettung aus der Sklaverei Satans geopfert wurde. Und wie einst das Blut eines geschlachteten Lammes die Häuser der Israeliten vor dem Gericht verschonte, so ist das Blut Jesu Christi auch für uns Schutz und Heil. Die Christen denken daran, dass Jesus in jener Nacht des Passahfestes mit seinen Jüngern das Passahmahl hielt. Er teilte ungesäuertes Brot und Wein an sie aus. Es dient als Zeichen dafür, dass sein Leib zerbrochen und sein Blut vergossen wird. Seitdem ist auch für uns Jesus das „Passah-Lamm" Gottes, das „geschlachtet" wurde zur Vergebung unserer Sünden.

In der Feier des Heiligen Abendmahls werden auch wir daran erinnert, was Paulus im 1. Korinther 5, 7 schrieb:

Entfernt den alten Sauerteig, damit ihr ein neuer, ungesäuerter Teig seid. Denn wir haben ein Passah-Lamm, für uns geopfert: Das ist Christus!

Ungesäuertes Brot heißt „Matzen" in Hebräisch und ist heutzutage in den meisten Lebensmittelläden erhältlich. Es sieht wie Knäckebrot aus, hat aber auch Löcher, die die Narben Jesu darstellen und ist an Stellen dunkler, was wiederum auf seine Wunden mit Bluthinweist. Außerdem findet man leichte Striche auf dem Brot, die auf das Kreuz hinweisen.

שבועות Schawuoth (das Wochen- oder Pfingstfest)

Fünfzig Tage nach dem Passahfest findet „Schawuoth" statt. Es ist der Gedenktag an die Offenbarung Gottes am Berg Sinai und den Empfang der Zehn Gebote sowie als „Fest der ersten Früchte" (Weizenkornernte). An diesem Tag wird aus dem Buch Ruth gelesen, welches von der moabitischen, also ursprünglich heidnischen Braut handelt, die ihr ganzes Vertrauen auf den Gott Israels setzte. Ähnlich ist es auch bei uns Nachfolgern Christi. Auch wir haben einen heidnischen Ursprung und sind erst durch Jesus zum Glauben an den einzigwahren Gott, den Gott Israels, gestoßen worden.

Sieben Tage sollst du ungesäuertes Brot essen zur bestimmten Zeit im Monat Abib, so wie ich es dir befohlen habe; denn in diesem [Monat] bist du aus Ägypten ausgezogen. Und man soll nicht mit leeren Händen vor meinem Angesicht erscheinen. Sodann das Fest der Ernte, wenn du die Erstlinge deiner Arbeit darbringst von dem, was du auf dem Feld gesät hast; und das Fest der Einbringung am Ausgang des Jahres, wenn du den Ertrag deiner Arbeit vom Feld eingebracht hast (3. Mose 23,15 -16).

An „Schawuoth" denken messianische Juden und Christen an das besondere Pfingstfest vor 2000 Jahren. In der Apostelgeschichte im zweiten Kapitel empfingen die Apostel und Jünger Jesu Christi (insgesamt 120 Menschen) den Heiligen Geist, der sich durch Feuerflammen offenbarte!

Die Apostel und Jünger und Jüngerinnen begannen die frohe Botschaft (das Evangelium) vom gekreuzigten, auferstandenen und wiederkommenden Herrn und vom kommenden Königreich auf Erden zu verkünden. Die „Ernte" blieb nicht aus: 3000 Juden wurden gläubig an Jesus Christus. Sie waren die Erstlingsfrüchte des Evangeliums. Seit jenem „Fest der ersten Früchte" sind bald weitere „Früchte" an Gläubigen aus Israel und anderen Nationen hinzugekommen. Das Einsammeln der Früchte für Jesus geht indessen überall in der Welt weiter.

ראשׁ הַשָּׁנָה Rosh haSchana oder Jom Teruah

Im alten Israel wurde dieser Tag ursprünglich als „Neumond-Sabbat" und „Tag des Posaunenblasens" gefeiert (4. Mose 29,1; 3. Mose 23, 24f; Psalm 81.4). Rosch haSchana heißt wörtlich übersetzt Kopf des Jahres. Der Tag fällt nach dem jüdischen Kalender auf den 1.Tischri, der nach dem gregorianischen Kalender je nach Neumondsichtung in den September oder in die erste Hälfte des Oktobers fällt.

Erst im Spätjudentum wurde dieser Tag zum Neujahrstag im bürgerlich, jüdischen Kalender. Zugleich war er der Gedenktag an die Thronbesteigung des richtenden Gottes, vor dem die Schriftrollen von Verdienst und Schuld ausgebreitet sind. In diesem Sinne wird dieser Tag auch heute gefeiert.

Im Mittelpunkt dieses und der folgenden Tage steht das Blasen auf dem Schofar (Widderhorn). Das „Instrument" erinnert an die geplante Opferung Isaaks, an dessen Stelle dann aber ein Widder Gott geopfert wurde, dessen Hörner Gott an das stellvertretende Sühneleiden Israels erinnern sollen (1. Mose 22). In der Bibel wird der Schofar vielfach auch als „Posaune" übersetzt. Sie ruft die Gemeinde zur Versammlung, zu Freudenfesten und zum Kampf gegen die Feinde (4. Mose 10,42.9.10).

Rosch haSchana ist aber auch als Jom Teruah (Tag der Bußvorbereitung) bekannt und läutet mit Posaunenschall (Schofarblasen) die Vorbereitung auf die Bußtage bis Jom Kippur, dem Versöhnungstag, ein.

Messianische Juden und Christen erinnert das jüdische Neujahrsfest in seiner Bedeutung an die ewiggültige Wahrheit, dass Gott, Seinen eigenen Sohn nicht verschont hat und dass niemand gegen Gottes Auserwählte Anklage erheben kann.

Er, der doch seinen eigenen Sohn nicht verschont, sondern ihn für uns alle hingegeben hat - wie wird er uns mit ihm nicht auch alles schenken? Wer wird gegen Gottes Auserwählte Anklage erheben? Gott ist es, der rechtfertigt. Wer ist, der verdamme? Christus Jesus ist es, der gestorben, ja noch mehr, der auferweckt, der auch zur Rechten Gottes ist, der sich auch für uns verwendet. (Römer 8, 32-34)

Das Schofar-Blasen ist für messianische Juden und Christen zugleich ein Hinweis auf das „Ertönen der Posaune", mit dem nicht nur die Gerichte Gottes über die Menschheit beginnen, sondern auch die Auferstehung der im Herrn entschlafenen Toten angekündigt wird (Offenbarung 8; 1; Korinther 15,51 f).

יוֹם כִּפּוּר Jom Kippur (Versöhnungstag)

Dieser Tag der Umkehr und Buße ist der **höchste Feiertag**. In biblischer Zeit ging an diesem Tag, einmalig im gesamten Jahr, der Hohepriester in das Allerheiligste des Tempels, um Gott zur Versöhnung für die Sünden des Volkes ein Tieropfer darzubringen (3. Mosel 6; 23, 27- 32). Seitdem 70 n. Chr. der Tempel in Jerusalem zerstört wurde, gibt es im Judentum am Jom Kippur keine Tieropfer mehr. Dafür aber ein 24-stündiges Fasten, begleitet von Selbstprüfung und Rechenschaftsablegung und der Bitte um Gottes Erbarmen und Vergebung.

Für die messianischen Juden und Christen ist dieser Tag durch den Tod Jesu am Kreuz erfüllt und vollendet. Denn Jesus Christus ist der Hohepriester und zugleich das Opferlamm für unsere Sünden (Hebräer 9 1ff) Er hat uns gereinigt von aller Schuld und uns die Vergebung geschenkt. Seitdem gilt für uns: „Wo aber Vergebung der Sünden ist, da geschieht für sie kein Opfer mehr" (Hebräer 10,18). Das hindert Israels Juden, die an Jesus glauben, jedoch nicht, sich aus Solidarität dem allgemeinen Fasten, der Reue, der Reinigung und Heiligung ihres Volkes anzuschließen und im Gebet für die Erlösung Israels einzutreten.

סֻכּוֹת Sukkot (Laubhüttenfest) und Erntedankfest

Dieses achttägige Fest feiern die Juden zum Gedenken an die Zeit der Wüstenwanderung, als die Israeliten in Notunterkünften lebten (3. Mose 23, 33-44).

Zugleich ist es ein Erntedankfest. Darüber hinaus hat es noch eine zukünftige Bedeutung. Der Prophet Sacharja beschreibt es als ein internationales Fest in den Tagen des messianischen Königreiches, zu dem „Menschen aus allen Nationen" nach Jerusalem kommen werden, um am Laubhüttenfest teilzunehmen und Gott anzubeten (14, 16ff).

Die meiste Zeit dieses Festes verbringen die Juden in einer notdürftig hergerichteten und mit grünen Zweigen und bunten Girlanden geschmückten „Laubhütte" (Sukka) außerhalb ihrer Wohnung.

Für messianische Juden und Christen ist dieses Fest Anlass, über die „Wanderung" der Gemeinde Jesu in der Vergangenheit nachzudenken und sich die Treue Gottes,

Seine Hilfe und Versorgung zu vergegenwärtigen. Gleichzeitig weist sie die „Laubhütte" auf den Ort der zukünftigen Gegenwart Gottes im Neuen Jerusalem hin:

Siehe da, die Hütte Gottes bei den Menschen! Und er wird bei ihnen wohnen, und sie werden sein Volk sein, und er selbst, Gott, wird ihr Gott sein (Offenbarung 21,3).

Gottes Schutz oder Baldachin wird über uns sein, ähnlich wie das Dach der Laubhütte.

חֲנֻכָּה Chanukka (Fest der Tempelweihe)

Dieses acht Tage andauernde Fest erinnert an die Wiedereinweihung des Tempels im Jahre 164 v. Chr., nachdem er zuvor von dem syrischen König Antiochus IV. Epiphanes entweiht und geschändet worden war. Dies kann im Ersten Buch der Makkabäer, im Geschichtsbuch von Flavius Josephus und im Talmud (der mündlichen Tradition) nachgelesen werden.

Chanukka ist auch als das Lichterfest bekannt. Im neugeweihten Tempel soll ein kleines Gefäß mit Öl für einen Tag durch ein Wunder Gottes acht Tage lang gebrannt haben. Deshalb zünden die Juden jeden Tag auf einem achtarmigen bzw. heutzutage oft neunarmigen Leuchter (einem speziellen Chanukka-Leuchter ein Licht an.

Für die christusgläubigen Juden steht im Mittelpunkt dieses Festes Jesus Christus. Die neunte Kerze wird als die Dienerkerze angesehen. Sie repräsentiert unseren Diener Jeschua, der uns durch seinen Opfertod gedient hat.

Jesus selbst hat dieses Fest gefeiert und sich dabei im Tempel aufgehalten (Joh 10, 22f). Während eines solchen Festes wurde ihm auch die Frage bezüglich des Messias gestellt.

Da umringten ihn die Juden und sprachen zu ihm: Wie lange hältst du unsere Seele im Zweifel? Bist du der Christus, so sage es uns frei heraus! (Joh 22, 24)

Für messianische Juden und Christen hat Chanukka eine messianische Bedeutung: Jesus, als der Messias oder Gesalbte, ist das wahre Licht der Welt. Wir sehnen uns nach dem Tag, an dem das ganze jüdische Volk zum lebendigen Glauben an Jesus, den Messias, kommt und dabei die Erfüllung aus Jesaja erlebt:

Mache dich auf, werde Licht! Denn dein Licht kommt, und die Herrlichkeit des Herrn geht auf über dir. Denn siehe, Finsternis bedeckt die Erde und Blindheit die Völker, aber über dir geht auf der Herr, und seine Herrlichkeit erscheint über dir. (Jesaja 60, 1.2)

פּוּרִים Purim

Das letzte Fest des biblischen Jahres hat seine Grundlage im Buch Esther im Alten Testament. Es berichtet von dem Ausgeliefertsein des Volkes Israel an einen unbarmherzigen Feind Haman, der Macht über viele Völker und Länder hat. Auch den großen und kleinen Machthabern von heute stehen alle Mittel (Waffen) zur Verfügung, um nicht nur das kleine Volk Israel auszurotten, sondern auch die gesamte Menschheit. Selbst die Gemeinde Jesu wird zunehmend von antichristlichen Menschen und Mächten bedroht und zum Teil grausam verfolgt.

Juden und Christen müssen heute schon den Zorn ihrer Feinde in viel stärkerem Maß ertragen als zur Zeit des blutrünstigen Judenhassers Haman (Esther 3). Doch wie er und seine Söhne damals die Juden nicht ausrotten konnten, sondern selbst grausam hingerichtet wurden, so werden auch Satans Menschen und Mächte von heute weder Israel noch die Gemeinde Jesu vernichten können.

Während Haman als Beispiel für den Antichristen gesehen wird, wird die Königin Ester als Beispiel für die wahre Braut gezeigt. Die erste Braut (Königin Vasti) hatte sich geweigert dem Befehl des Königs zu gehorchen, ähnlich wie Israel auch nicht Gott Ruf Folge leistete.

Christus wird bei seiner Wiederkunft über alle seine Feinde siegen und Israel und die Gemeinde Christi in eine helle und sichere Zukunft führen.

Ein Sabbat ist gleich eine Woche

In der Bibel wird oft von einer Sabbatruhe gesprochen. Hiermit ist nicht unbedingt nur der eine besondere Tag der Ruhe gemeint, sondern dies kann auch auf eine ganze Woche hinweisen oder auf eine Zeit die nur einen Sabbat beinhaltet.

Also bleibt noch eine Sabbatruhe dem Volk Gottes übrig. (Hebräer 4, 9)

Der Sabbattag beginnt jedoch zum Sonnenuntergang am Freitagabend und endet am Sonnenuntergang des Samstagabends. Der siebte Tag ist der **Sabbat** oder Schabbat. Er liegt auf dem Samstag und nicht auf dem „Sonnenanbetungstag" bzw. dem Sonntag. Dies wird besonders in den folgenden Wortbeispielen und Übersetzungen des Wortes Samstag deutlich. In Griechisch heißt der 6. Tag Paraskevi „Vorbereitung", darauf folgt der Samstag **Savvato**. Im Italienischen heißt der Samstag **Sabato**. Im Spanischen heißt der Samstag **Sábado**.

Ich möchte hier noch einmal auf die Intrigen des Feindes hinweisen, denn es hat es immer wieder geschafft, Daten und Feste zu manipulieren.

Erst im Januar 1976 begann eine entsprechende Zählweise mit Montag als **ersten** Wochentag in Deutschland. In der Vorgängerversion von 1943 fing die **Woche** noch am **Sonntag** an.

Sabbatjahr

Ursprünglich bezeichnet das Sabbatjahr ein göttliches Gebot, welches in der Thora beschrieben wurde. Es ist das letzte Jahr in einer Reihe von sieben Jahren, danach sollen Sklaven freigelassen werden und Äcker und Weinberge sollen brachliegen. Der Wortursprung aus dem Hebräischen šabat bedeutet inne halten.

Im übertragenen, neuzeitlichen Sinn bezeichnet Sabbatjahr, englisch Sabbatical.

Sechs Jahre sollst du dein Land besäen und seinen Ertrag einsammeln; aber im siebten sollst du es brachliegen und ruhen lassen, damit sich die Armen deines Volkes davon ernähren können; und was sie übrig lassen, das mögen die Tiere des Feldes fressen. Dasselbe sollst du mit deinem Weinberg und mit deinem Ölbaumgarten tun. (2. Mose 23, 10-11)

Das Sabbat-Jahrtausend

Gott, der Ewige, existierte lange vor der Erschaffung der Erde. Aus biblischer Sicht verstehen wir, dass Gott die Erde und Adam vor ungefähr 6000 Jahren erschaffen hat. Im siebten Jahrtausend soll auch das Land seine besondere Sabbatruhe erhalten: Wir dürfen uns auf das 1000-jährige Reich Christi freuen.
Dieses eine aber sollt ihr nicht übersehen, Geliebte, dass <u>ein Tag</u> bei dem Herrn ist <u>wie tausend Jahre</u>, und <u>tausend Jahre wie ein Tag</u>! (2. Petrus 3, 8)

Jubiläum (alle 50 Jahre)

Alle **fünfzig Jahre** soll das Land besonders geheiligt werden. Wir feiern dann ein besonderes **Halljahr**. In 3. Mose 25, 10 steht:

Und ihr sollt das fünfzigste Jahr heiligen und sollt im Land eine Freilassung ausrufen für alle, die darin wohnen. Es ist das Halljahr, in dem jeder bei euch wieder zu seinem Eigentum kommen und zu seiner Familie zurückkehren soll.

Weiteres

Es gibt sicherlich noch weitere Punkte zu bedenken, doch kann ich persönlich nur immer wieder sagen: Wir haben einen gnädigen und barmherzigen Gott, der dir jederzeit helfen weiter helfen wird. Mache die ersten Schritte auf Ihn zu und Er wird dich mit unendlicher Liebe führen und leiten.

13. Nachwort

Ich bete, dass dieses Lehrbuch dir ein guter Wegweiser geworden ist. Es beinhaltet längst nicht alle Informationen. Es soll nur eine Grundlage bilden. Ich habe versucht möglichst viele Fragen zum Glauben zu beantworten, doch stelle ich immer wieder fest, dass der Heilige Geist mich neu korrigiert oder mir neue Erkenntnisse schenkt.

Auch habe ich inzwischen viele aktuelle Botschaften von Gott, dem Vater und von Jeschua, Seinem Sohn erhalten. Ihr findet sie auf meiner Website unter www.glaubensbotschaft.de/andacht-blog. Mögen diese besonderen Botschaften gerade in dieser Zeit, wo uns alles so anders, fremd und bedrohlich erscheint, dich segnen und dir als weitere Wegweiser dienen.

Wichtig ist es regelmäßig auf Gottes Stimme zu hören und Seinem Ratschlag zu folgen. Denke daran, dass Jesus dich liebt und dich an die Hand nehmen möchte. Manchmal, wenn du dich ganz allein fühlst, trägt er dich sogar. Er ist nicht nur dein Bräutigam, sondern auch dein Kapitän und Hirte.

In der Bibel wird Gottes Botschaft verkündet. Prüfe alles was du hörst und siehst, an Hand der Heiligen Schrift oder an möglichst an Hand von mindestens zwei Zeugen oder auch Stellen in der Bibel.

Auf den nächsten Seiten findest du noch einige der persönlichen Botschaften JHWHs und Jeschuas in Gedichtform. Mögen sie dich ermutigen und dich durch die kommende Zeit tragen.

Bei weiteren Fragen bitte meldet euch über meine Website. Ich werde so schnell als möglich deine Fragen mit Gottes Hilfe beantworten.

Gott liebt dich und ist bei dir. Fürchte dich nicht! Befiehl Ihm deine Wege und vertraue auf Ihn. Warte auf Sein Eingreifen. (Psalm 37, 5.7) Ich wünsche dir Gottes Schutz. **Bleib unter dem Schirm des Höchsten (Psalm 91)**

14. Gedichte

Im Laufe 2019 und 2020 entstanden diese Gedichte oder Psalmen. Es sind Botschaften von Gott, dem Vater, und von unserem Bräutigam Jesus Christus. Immer wieder erstaunt mich, wie die Botschaften übermittelt werden. Ich wünsche euch viel Freude, mögen sie euch stärken und ermutigen.

Unter der Sonne, unter dem Meer
(Margit Kresin 21.8.2019)

Unter der Sonne, unter dem Meer,
Gibt es Seelen wie deine,
Die mich erfreuen.
Ihr Herz schlägt auf zu Mir,
Sie beten Mich an
Tag und Nacht.
Sie loben und preisen Mich.
Zusammen mit allen Engeln
Stimmen sie zum Lobpreis an.

Ich bin der Schöpfer
der Himmel und der Erde
Und dies wollen sie hinausrufen in alle Welt.
Jedes Tierlein, jedes Blümlein zeugt von Mir,
Doch die Menschen haben sich verschlossen,
Meinen, dass es mich nicht gibt,
Suchen nach dem Licht,
Suchen nach etwas,
Aber weigern sich, mich als ihren Schöpfer anzusehen.

„Genug ist genug!"
- Die Warnungen sind ausgesprochen,
Immer wieder rufe ich aus:

„Tut Buße, kehrt um!
Kehrt um zu Mir!"

Ich liebe euch und werde euch
Um Jesu Willen vergeben.
Er ist der Retter.
Er ist der Heiland,
Euer Hirte – folgt ihm nach,
Bleibt auf dem Weg;
Singt, lobt und preist,
Singt ihm dem Herrn des Herrn
Und stimmt ein in den Lobgesang der Schöpfung.

In Liebe Euer Vater

Ich bin bei dir
(Margit Kresin 2020)

Geliebte Braut!
Ich bin bei dir.
Dir soll an nichts mangeln.
Alles zu seiner Zeit.
Schritt für Schritt
Und einen Schritt nach dem anderen.
Gemeinsam werden wir es schaffen.
Verlass dich auf meine Hilfe.
Du bist meine Braut,
Und ich werde immer in deiner Nähe sein.

Glaube mir.
Höre auf meine Stimme.
Ich bin dein Hirte
Und ich gehe mit dir Tag für Tag,
Stunde um Stunde.

Du kennst, genau wie ich,
weder die genaue Zeit noch Stunde,
Denn allein der Vater weiß es,
Er offenbart uns die Zeiten
Und jetzt ist angebrochen, die Zeit der finalen Vorbereitungen.
Ist dein Gewand fertig? –
Weiß gewaschen und auf dem Walkerfeld getrocknet?
Hältst du ABBAs Gebote?
Hältst du meine Gebote der Nächstenliebe?
Fastest und betest du,
Zurückgezogen in deinem Kämmerlein?
Hast du Zeit für deinen allmächtigen Gott?

Vergiss es nie, dass du lebst,
War Gottes eigene Idee,
Er wollte, dass du in dieser Zeit lebst,
Dass du in dieser Zeit wirkst und ihm dienst.

Du bist Seine Botschafterin,
Du bist Seine Tochter,
Du bist Sein geliebtes Kind,
Halte dich fest an Ihm
Und du wirst nicht tiefer fallen
Als in Seine große und allmächtige Hand.

Damals vor meinem Kreuzestod,
Fühlte ich mich allein und verlassen,
Doch Er – unser ABBA – war da.
Ihm zerbrach das Herz,
Als Er mich opfern musste.
Doch dies war Sein Weg,
Dich geliebte Braut, frei zu kaufen.
Es ist vollbracht!
So schau nun mutig nach vorne,

Schaue nicht zurück, schaue auf das Kreuz,
Schaue auf Gott, den Allmächtigen Schöpfer,
der Himmel und der Erde.
Nimm meine Hand,
Ich zeige dir den WEG,
Ich führe dich in die WAHRHEIT,
Ich führe dich zum ewigen LEBEN.

Es kommen harte Zeiten auf dich zu,
Ich fühle mit dir geliebte Braut
Und ich wünschte, ich könnte dir
Alles Leiden, allen Kummer wegnehmen,
Doch leider nein.
So wie die Propheten dir geweissagt haben,
So wird es auch geschehen.

Egal wo du bist
(Margit Kresin 21.1.2020)

Egal wo du bist,
Ich bin bei dir,
Denn du bist mein
Und ich bin dein.

Wir sind den Bund der Ehe eingegangen
Und nichts und niemand kann uns trennen voneinander.
Vorbei ist die Zeit des Wartens,
Vorbei ist die Zeit des Ausharrens.
Glücklich sind wir vereint
Und dürfen gemeinsam durchs Leben ziehen.

Ich hatte deine Wohnung vorbereitet
Und du bist endlich in sie eingezogen.
Gefällt sie dir, mein Liebe?

Gefällt sie dir, meine Braut?
Ich möchte, dass du dich geborgen und getröstet fühlst.
Ich möchte dir schenken, was du in der Welt vermisst hast.
Du bist meine Perle,
Jede Träne, die du geweint hast,
Habe ich gesammelt
Und dich daraus geformt.

Dein Weinen hat ein Ende!
Ich möchte nur noch deine Freude sehen.

Du hast den Frieden gefunden,
Nein, du hast meinen Frieden gefunden.
Komm ruh' dich bei mir aus.
Bleib hier in meinen Armen
Und fühle meinen Herzschlag,
Fühle was ich für dich empfinde.

Fühle dich, so wie du bist, angenommen.
Schenke mir deine Zeit,
Und trete ein in meine Gegenwart.
Befiehl mir deine Wege,
So werden wir gemeinsam durchs Leben ziehen.

Komm her zu mir, meine geliebte Braut.
Zeig mir deine Schönheit, deine innere Schönheit.
Das Blut hat dich reingewaschen
Und du darfst strahlen
wie der reinste Sonnenstrahl.
Wir sind eins:
Du, die Braut – so wunderschön –
Und ich dein Bräutigam.
Ich liebe dich. Amen

Ich bleib dran
(Margit Kresin 2020)

Viele Jahre bist du nun
Schon unterwegs mit mir.
Es gab viele Aufs und Abs;
Mal gingst du nach links,
Wenn ich sagte, geh nach rechts.
Wenn ich sprach: „Halt! Bleib stehen!",
Liefst du weiter auf den krummen Wegen.
Doch du hast mir dein Leben übergeben -
Du hast mir versprochen mir zu dienen.
Und ich bleib dabei, ich bleib dran.

Oft hast du dich in eine unmögliche Lage gebracht –
Du liefst im Kreis und kamst nicht mehr heraus.
Du sahst den Ausweg nicht;
Es wurde dunkel um dich.
Deine Hoffnung schien zu schwinden.
Irgendwo sahst du dann wieder Licht.
Irgendwann hast du meine Stimme wieder vernommen.
Du wusstest dich nicht allein gelassen.
Mein Versprechen gilt für alle Zeit:
Ich bleib dabei, ich bleib dran.

Du bist mein viel geliebtes Kind.
Du bist auf deinen eigenen Wegen gegangen,
Hast dich verlaufen und verrannt.
„Kehr um, tu Buße!",
Rufe ich dir zu.

Du bist mein.
Ich lass nicht ab von dir.
Ich bleib bei dir, ich bleib dran.

Mach dich bereit

(Margit Kresin 28. 5. 2020)

Mach dich bereit! Nun ist es soweit!
Die Siegel werden nach und nach gebrochen;
Die Posaunen erschallen laut und klar.
Es ist an der Zeit, mach dich bereit.

Geh auf die Knie; klopfe an und dir wird aufgetan.
Kehr um - tu Buße, reinige dich
Und zieh dir an - dein Hochzeitsgewand.

Du bist geliebt - ich rufe dir zu:
Komm her zu mir - nein, renne - laufe!
Gern möchte ich dich endlich
In meine Arme schließen.

Noch ist es Zeit, mach dich bereit.
Geh auf die Knie, bete mich an,
Rufe mir zu:

Jesus, hol mich hier raus -
Errette mich, erlöse mich von allem Übel.
Vergib mir meine Schuld.
Herr, ich flehe dich an -
Hol mich hier raus, errette mich,
Befreie mich von allem Bösen.
Jesus, du starbst für mich;
für mich und meine Sünden.
Vergib mir Herr, vergib.
Ich gebe dir mein Leben.

Ich werde dir vergeben!
Drum lauf, drum renn, komm her zu mir,

Bete und flehe mich an; ich werde dir vergeben.

Ich werde dich führen, auf dem rechten Weg ins Vaterland
Und zum ewigen Leben.
Ich nehme dich an meine Hand.
Ich werde dich tragen, wenn du nicht mehr kannst.
Ich werde dich bringen ins gelobte Land.

In dem Moment als du mir gabst dein Leben,
Bist du geworden,
Gottes angenommenes Kind;
Du bist geworden,
Ein ganz besonderes und geliebtes Königskind.
Gottes Geist wird dich erfüllen,
Du wirst mit Freude singen,
Du wirst Gott preisen und aus tiefster Seele loben.

ER ist dein Gott.
ER ist der einzigwahre Gott.
ER ist dein himmlischer und ewiger Vater.
Er liebt dich durch und durch,
genau wie ich, der für dich
ALLES auf sich nahm und am Kreuze starb.

Ich liebe dich –
Komm her zu mir, fühl dich umarmt,
Fühl dich gestärkt.
Bleib nah an mir, und ich verspreche dir,
Wir werden ab jetzt vereint
Gemeinsam durchs Leben ziehen.

Ich liebe dich!
In Liebe dein Jesus Christus
Jeschua ha Maschiah

Locker vom Hocker

(Margit Kresin 22.1.2020)

Schreib los mein Kind,
Lass dich hinreißen und mitnehmen in Meine Welt.
Ihr habt eure Welt so eingeengt,
Ihr seht vieles nu „quadratisch, praktisch gut".
Meine Welt hingegen sieht andres aus:
Weit, unendlich weit.
Ihr könnt die Dimensionen gar nicht erkennen.
Ich habe alles bis ins kleinste Detail erdacht:

Das Leben einer Blume beginnt mit einem Samenkorn –
Einem kleinen „leblosen" Gegenstand wie man meinen könnte,
Doch wenn diese Saat erst einmal in die dunkele Erde gesät ist,
Will sie wachsen und sich nach dem Licht ausstrecken.
Sie wächst und wächst;
Es entsteht in kleinen Schritten – die Blume.
Die Blume blüht und erfreut
Nicht nur Mensch und Tier,
sondern vor allem mich, dem Schöpfer aller Dinge.
Doch dann, nach einer gewissen Zeit,
Ist die Zeit des Blühens und Gedeihens vorbei;
Die Blume stirbt,
Die Saat fällt herab in die dunkle Erde
Und das Leben beginnt von neuem.
Es ist ein Kreislauf.
Es gibt keinen Anfang und kein Ende
In allem was ich geschaffen habe.
Ihr werdet geboren um zu sterben,
Ihr werdet sterben um neu geboren zu werden,
Aus ncu wird alt,
Aus alt wird neu.

Da staunst du.

Öffne deine Augen,
Ändere deinen Blickwinkel,
Betrachte deine kleine Welt mit Meinen Augen
Und staune über die Größe Meiner Welt.

Ich arbeite im Verborgenen,
Du musst mich suchen und finden,
Und so wirst du Mich überall entdecken.

Schreib los, schreib auf,
Schau in Meine Welt.
Berichte was du siehst und hörst,
Ich zeige dir was verkündet werden soll,
Schreib einfach los,
einfach so locker vom Hocker.

Abbildungsverzeichnis

Tabellenverzeichnis

Literaturverzeichnis

Die Bibel mit Parallelstellen und Studienhilfen, Version 2000, neue rev. Fassung, übersetzt von F.E. Schlachter, 1. Auflage 2006 © 2000 Genfer Bibelgesellschaft, Christliche Literatur-Verbreitung Bielefeld

Neues Leben. Die Bibel © 2002 und 2006 SCM R. Brockhaus im SCM-Verlag GmbH & Co. KG, Witten

Lutherbibel, revidierter Text 1984, durchgesehene Ausgabe, © 1999 Deutsche Bibelgesellschaft, Stuttgart.

John MacArthur Studienbibel. Schlachter 2000, (7. Auflage 2012), CLV-Christliche Literaturverbreitung, 7. Auflage 2012, Bielefeld

Revidierte Elberfelder Bibel (Rev. 26) © 1985/1991/2008 SCM R. Brockhaus im SCM-Verlag GmbH & Co. KG, Witten
Elberfelder Studienbibel mit Sprachschlüssel und Handkonkordanz, 4. Auflage 2013, 9. Gesamtauflage © 1994/2001 SCM R. Brockhaus im SCM-Verlag GmbH & Co. KG, Witten, Christliche Verlagsgesellschaft, Dillenburg
NeÜ.bibel.heute, Neue evangelistische Übersetzung © 2010 Karl-Heinz Vanheiden (Textstand 11 09), 1.Auflage 2011, www.kh-vanheiden.de, Christliche Verlagsgesellschaft mbH, Dillenburg
The Holy Bible, New King James © 2013 by Holiman Bible Publishers, Nashville, Tennessee
Das Jüdische Neue Testament, von David H. Stern, 3. Auflage 2015, 7. Gesamtauflage, © der deutschen Ausgabe SCM-Verlag GmbH & Co. KG, Witten
Die Heilige Schrift, von Naftali Herz Tur-Sinai, 2. Auflage 2015, 7. Gesamtauflage, © der deutschen Ausgabe 2013 SCM-Verlag GmbH & Co. KG, Witten
Biblia Hebraica Stuttgartensia. Bibelserver © 2016 ERF Medien – Deutsche Bibelgesellschaft, Stiftung Christliche Medien, Genfer Bibelgesellschaft, Katholisches Bibelwerk, Crossway, Biblica, ERF Medien Schweiz, TWR
Lexikon zur Bibel, Maier (Hrsg.) & Rienecker (Hrsg.), SCM R. Brockhaus © 2013 SCM R. Brockhaus im SCM-Verlag GmbH & Co. KG, Witten
Begegnung fürs Leben, AT & NT / Die Studienbibel für jeden Tag, 2. Auflage 2010, SCM R. Brockhaus im SCM-Verlag GmbH & Co. KG, Witten
The Messianic Aleph Tav Interlinear Scriptures (MATIS), Vol.1 ed. of Torah, comp. by William H. Sanford © 2015, CCB Publishing British Columbia, Canada
Bibelserver © 2016 ERF Medien – Deutsche Bibelgesellschaft, Stiftung Christliche Medien, Genfer Bibelgesellschaft, Katholisches Bibelwerk, Crossway, Biblica, ERF Medien Schweiz, TWR
Das christliche Namensbuch – Namen und ihre Bedeutung, © 2004 R. Brockhaus Verlag, Wuppertal

Websites

www.glaubensbotschaft.de
www.missionswerk.co.at

www.bibelwissenschaft.de/wibilex/das-bibellexikon
www.bibelkommentare.de
www.aprayertoourfather.com/
www.theacademy.org.au
www.chrischona.org
www.pixabay.com
www.hebrew4christians.com
www.shekinahworship.com/hp_wordpress/wp-content/uploads/2016/10/Seven-Commandments-Concerning-Relationships.pdf
www.biblica.com/niv-bible
www.bibliatodo.com/en/names-of-God/elohay-kedem
www.kissclipart.com/ancient-hebrew-clipart-biblical-hebrew-hebrew-alph-kgaija/download-clipart.html
www.ekd.de/sonntagsruhe/argumente/theologie_des_sonntags.html
https://sites.google.com/site/messianischestudien/
http://parablesblog.blogspot.com/2017/02/the-aleph-tav-scriptures.html

---

Bibelzitate Quellen

[i] Jer 1, 4-5; Ps 139, 13-14; 1. Mose 1, 27; Ps 71, 6; Apg 17, 26 -28; 2. Mose 19, 5
[ii] Ps 139, 3; Matt 10, 29-31; 2. Mose 19, 5; Ps 139, 17-18
[iii] Eph 3, 14-15; Joh17, 23; Jer31, 3; 1, Joh 4, 16; 1.Joh 3, 1; Jer 32,40; Jak 1,17; Matt 6,31-33
[iv] Jer 32, 41; Jer 29, 11; Eph 1, 11-12; Ps 139, 15-16; Ps 37, 4; Zep 3, 17; Jer 33, 3
[v] Heb 1, 3; Röm 8, 32; 2.Kor 5, 18-19; 1. Joh 4, 10
[vi] 1. Joh 2, 23; 5. Mose 4, 29; Röm 8, 38-39; Eph 3, 20; Off 21, 3-4
[vii] Joh 1, 12-13; Luk 15, 11-32; Luk 15, 7
[viii] www.ekd.de/sonntagsruhe/argumente/theologie_des_sonntags.html